प्लेटो के काव्य-सिद्धान्त

प्लेटो के काव्य-सिद्धान्त

निर्मला जैन

वाणी प्रकाशन

वाणी प्रकाशन

4695, 21-ए, दरियागंज, नयी दिल्ली 110 002

शाखा

अशोक राजपथ, पटना 800 004

फ़ोनः +91 11 23273167 फ़ैक्स: +91 11 23275710

www.vaniprakashan.in
vaniprakashan@gmail.com

PLATO KE KAVYA-SIDDHANT
by Nirmala Jain

ISBN : 978-93-5000-782-2
Poetics

प्रथम संस्करण जून, 1965
प्रथम (वाणी) संस्करण, 2011

मूल्य : ₹ 250

ओम ऑफ़सेट, दिल्ली-110095 में मुद्रित

वाणी प्रकाशन का लोगो मक़बूल फ़िदा हुसेन की कूची से

प्राक्कथन

प्रस्तुत कृति की रचना के मूल में विद्यार्थियों की जिज्ञासाएँ रहीं। एक बार कुछ छात्राओं के अनुरोध पर उन्हें प्लेटो के काव्य-सिद्धान्तों से परिचित कराने की ज़िम्मेदारी ली। उपलब्ध हिन्दी अनुवादों का सहारा लिया, तो आत्मतोष नहीं हुआ। मूल तो नहीं, (ग्रीक भाषा में मेरी गति नहीं) परन्तु प्रामाणिक एवं मान्य अंग्रेज़ी अनुवाद-ग्रन्थों की सहायता से मैंने आत्मविश्वास के साथ छात्राओं की तात्कालिक आवश्यकता तो पूरी कर दी, परन्तु उस अध्ययन से एक गम्भीरतर लक्ष्य की सिद्धि हुई—यवनाचार्य के गहन-गम्भीर चिन्तन के सामने स्वयं को जिज्ञासु पाठक के समान खड़े पाया। यह पुस्तक उसी जिज्ञासा की परितुष्टि का प्रयास है।

मुझे अपने आरंभिक साहित्यिक प्रयास विद्यार्थी-मन की जिज्ञासाओं के संपोषण एवं परितोष का ही प्रयत्न लगते थे। इस दृष्टिकोण से भूलों की सम्भावनाओं के प्रति मन में अधिक सजग, सतर्क रहने की प्रवृत्ति बनी रहती थी। इसके विपरीत, विद्वान हो जाने पर और जानने के लिए शेष कुछ बचता नहीं, जो बचता है उससे हम आँख चुराने लगते हैं। विद्यार्थी के लिए ज्ञातव्य कभी निःशेष नहीं होता, वह विद्या का अर्थी बना ही रहता है। इसीलिए यह मार्ग मुझे अधिक सुविधाजनक लगता रहा है। अपने दृष्टिकोण के स्पष्टीकरण का उद्देश्य इतना ही है कि पाठक इस ग्रन्थ को इसी दृष्टि से अपनाएँ। यवनाचार्य के गुरु-गम्भीर चिन्तन के विवेचन का दम्भ करना तो भूल होगी। मैंने केवल उन्हें समझने का प्रयास ही किया है, और जिस रूप में समझा है वह पाठकों के सामने है। इसके सही-गलत का निर्णय तो विद्वान पाठक करेंगे।

एक बात पुस्तक की रचना-पद्धति के सम्बन्ध में। मेरे सामने दो विकल्प थे—(1) प्लेटो के काव्य-सिद्धान्तों का यथासम्भव शब्दशः अनुवाद करके उनका अध्ययन-विवेचन प्रस्तुत करूँ। (2) उनके सिद्धान्तों को हृदयंगम कर विवेचन-विश्लेषण के द्वारा उनका स्पष्टीकरण करूँ, जिसमें विवेचन के निमित्त उनके सिद्धान्तों का भावानुवाद या विचारानुवाद स्वतः सिद्ध हो जाय। मैंने दूसरा विकल्प चुना है। इसका कारण मार्ग की सरलता नहीं थी, क्योंकि अनुवाद तो

परोक्षतः हो ही गया है। मैंने शब्दानुवाद तीन कारणों से नहीं किया। एक तो विवेचन के लिए उनके कथ्य का उद्धरण अनिवार्य था। अतः उसे उद्‌धृत करने में पुनरावृत्ति होती। दूसरे, अंग्रेज़ी-इतर भाषाओं के विद्वानों के कृतित्व से अवगत होने का माध्यम हमारे लिए अंग्रेज़ी भाषा ही है, जो स्वयं मूल का अनुवाद है; अतः अनुवाद का अनुवाद प्रस्तुत करने का विचार आते ही मुझे स्वयं यवनाचार्य की काव्य-सम्बन्धी मान्यता याद आयी—काव्य, सत्य के अनुकरण का अनुकरण होने के नाते सत्य से तिगुनी दूर, अतः अकाम्य है। इसलिए मूल रचना से तिगुना दूर अनुवाद प्रस्तुत करने का संकल्प मैं कर नहीं पाई। अनुवाद के स्थान पर मूल को ही परिशिष्ट में उद्‌धृत कर पाठक के विवेक पर सही-गलत का निर्णय छोड़ना मुझे उचित लगा। तीसरा कारण यह भी था कि प्लेटो का काव्य-विवेचन न व्यवस्थित है न क्रमबद्ध। केवल विविध रचनाओं में कुछ संकेत बिखरे हैं। उनको यथावत् अनूदित करना और भी उलझन का कारण बनता। इसलिए विवेचन में क्रमबद्धता का विधान प्रसंगों के आधार पर करना ज्यादा सही लगा।

एक हितैषी मित्र ने जिज्ञासा व्यक्त की कि इस रचना के संदर्भ में ऐसे पाठक की क्या स्थिति होगी जो अंग्रेज़ी भाषा नहीं जानता। मैं उन्हें दिया उत्तर दोहरा रही हूँ। पहली बात तो यह कि मैं सामान्यतः यह आशा करती हूँ कि पाश्चात्य काव्य-शास्त्र के अध्ययन-मनन में प्रवृत्त होने वाले पाठक की गति उस भाषा में होगी ही। कितने भी अनुवादों के सुलभ होने पर मूल के अध्ययन बिना उसकी आत्मा को हृदयंगम नहीं किया जा सकता। परिशिष्ट में मूल उद्धरण देने के पीछे तर्क यही है। फिर भी अपने मित्र की बात का उत्तर यही है कि आंग्ल भाषा से अनभिज्ञ पाठक भी मूल के अध्ययन बिना, इस कृति के माध्यम से प्लेटो के काव्य-सिद्धान्तों की जानकारी प्राप्त कर सकेगा। इसके लिए अतिरिक्त साधन की अपेक्षा या अपर्याप्तता का बोध उसके मन में नहीं उपजेगा। और ऐसा पाठक, मूल के सम्बन्ध में मेरी समझ की परीक्षा अनुवाद के माध्यम से लेना चाहेगा, यह प्रश्न असम्भव नहीं तो अव्यावहारिक तो है ही।

प्लेटो का योगदान पाश्चात्य काव्य-शास्त्र के इतिहास में प्रायः नकारात्मक माना जाता रहा है। उनके सम्बन्ध में यह धारणा प्रचलित है कि वे काव्य एवं कलाओं को—दार्शनिक, शैक्षिक, नैतिक आदि निकषों पर खोटा सिद्ध कर नकारते रहे। इस आलोचना और अस्वीकृति का स्वर इतना मुखर रहा कि कलाओं के क्षेत्र में प्लेटो के सकारात्मक योगदान की उपेक्षा होती रही। प्रस्तुत प्रयत्न में प्लेटो के इसी योगदान के अन्वेषण और उद्‌घाटन का प्रयास किया गया है, कितना सफल हुआ है इसका निर्णय तो पाठक ही करेंगे।

उन हितैषी मित्रों के प्रति कृतज्ञता किन शब्दों में व्यक्त करूँ जिन्होंने सदैव चर्चा आने पर मेरा उत्साहवर्द्धन किया। नाम नहीं ले रही हूँ, वे सभी क्षमा करेंगे।

श्रद्धेय गुरुवर डॉ. नगेन्द्र के सम्बन्ध में क्या कहूँ? जीवन में सतत कर्मठता का उनसे अधिक समर्थ सन्देश-दाता मैंने देखा नहीं। वे सिद्धान्त-रूप में कर्मण्यता की शिक्षा ही नहीं देते थे, स्वयं आदर्श उपस्थित किये रहते थे। उनके संरक्षण में अध्ययन-अध्यापन का अवसर मिला, कठिनाइयों में उन्होंने सदा मार्ग-निर्देश किया, इससे बड़ा सौभाग्य और क्या हो सकता है?

परिवार के सदस्यों को धन्यवाद कैसे दूँ? वे सब अपना सहयोग दे चुके। मैं उऋण तो नहीं हो सकती परन्तु उसकी अपेक्षा भी नहीं, क्योंकि मेरी सिद्धि उन सबका सन्तोष है।

अन्त में नेशनल पब्लिशिंग हाउस के संचालक श्री कन्हैयालाल मलिक एवं उनके कार्यकर्ताओं, विशेषकर माधवजी के प्रति आभार व्यक्त करती हूँ, जिन्होंने सहर्ष इसका प्रकाशन-भार वहन कर इसे कार्यान्वित किया।

होलिका पर्व, **निर्मला जैन**

पूर्णिमा, 18 मार्च, 1965

दूसरा संस्करण : 2011

उपर्युक्त प्राक्कथन मूल का ही संशोधित पाठ है। वर्षों से यह पुस्तक अनुपलब्ध रही। कुछ मित्रों के आग्रह पर यह संशोधित संस्करण प्रस्तुत है—वाणी प्रकाशन के अरुण माहेश्वरी के सौजन्य से। उनके प्रति विशेष आभार—

निर्मला जैन

क्रम

प्लेटो–सामान्य परिचय

यवनाचार्य प्लेटो का जन्म ई. पू. 427, और मृत्यु ई. पू. 347 में हुई। उनकी माता और पिता दोनों का सम्बन्ध एथेन्स के अत्यन्त सम्भ्रान्त और प्रतिष्ठित कुलों से था। प्लेटो का वास्तविक नाम अरिस्टोकल्स था। बाद में अपने चौड़े वक्ष के कारण वे प्लतोन उपनाम से प्रसिद्ध हो गए।

प्लेटो सुकरात के शिष्य थे जिनके आश्रय में रहकर उन्होंने उनकी मृत्यु तक (ई.पू. 399) विद्याध्ययन किया। उनकी इच्छा राजनीति के क्षेत्र में प्रवेश करने की थी किन्तु सुकरात के मृत्यु-दण्ड से उन्हें इस क्षेत्र से विरुचि हो गई और उन्होंने उनकी मृत्यु के उपरान्त तत्काल एथेन्स छोड़ दिया। कुछ समय 'मेगारा' में रहने के बाद प्लेटो ने ग्रीस, मिस्र, इटली और सिसली का विस्तृत भ्रमण किया। प्लेटो का अपना कथन है कि उन्होंने 40 वर्ष की आयु में इटली और सिसली की यात्रा की और उनके मन में वहाँ के अतिशय विषयासक्त जीवन से अरुचि उत्पन्न हो गई। वे अन्त में एथेन्स लौट आए और ई. पू. 387 में अपने प्रसिद्ध विद्यापीठ की स्थापना की।

विचित्र बात है—काव्य और कलाओं के घोर विरोधी आचार्य प्लेटो ने अपना कार्यारम्भ, काव्य एवं नाटक-रचना से किया। उनकी कविताएँ कलात्मक दृष्टि से अत्यन्त उत्कृष्ट हैं। किंवदन्ती है कि प्लेटो ने त्रासदी आदि अपनी रचनात्मक कृतियों को सुकरात के प्रभाव में आकर नष्ट कर दिया और अपने को ग्रीस के पुनर्निर्माण एवं दर्शन के अध्ययनार्थ समर्पित कर दिया। प्लेटो के इस निश्चय के तीन कारण थे—(1) उनकी सामाजिक स्थिति—जिसमें शासक-वर्ग से सम्बद्ध व्यक्ति से यह आशा की जाती थी कि वह समाज-सेवा के प्रति अपना जीवन समर्पित कर दे, (2) सुकरात का मृत्यु-दण्ड, जिसने संकट की तात्कालिकता प्रमाणित कर दी और उनके हृदय पर प्रबल आघात पहुँचाया, (3) उनके अपने यौवन के अनुभव।

प्लेटो ने अपनी रचनाओं में अनेक स्थलों पर स्वयं स्वीकार किया है कि उन्होंने राजनीति और सामाजिक जीवन में सक्रिय भाग लेने का निर्णय किया था, परन्तु समसामयिक राजनीति के नाम पर होने वाले अनाचार, विशेषकर सुकरात के प्रति किए गए दुर्व्यवहार से उनके मन में राजनीति के प्रति वितृष्णा और विरुचि उत्पन्न हो गई। जीवन के अनुभवों से वे दर्शन के प्रशस्तिगान के लिए बाध्य हुए और उनके मन में यह धारणा बद्धमूल हो गई कि एकमात्र दर्शन ही से नगर और नागरिक दोनों का हित-साधन हो सकता है। अमंगल से मानवता की मुक्ति तब तक नहीं हो सकती, जब तक, या तो राज्यसत्ता दार्शनिकों के हाथ में नहीं आ जाती, अथवा राजनीतिज्ञ दार्शनिक नहीं हो जाते।

जीवन के कटु अनुभव ही प्लेटो की विचारधारा को दर्शनोन्मुखी करने के लिए उत्तरदायी रहे होंगे, क्योंकि प्लेटो की ऐतिहासिक पृष्ठभूमि इसका अनुमोदन नहीं करती। देश, काल, एवं सामाजिक स्थिति, किसी भी दृष्टि से प्लेटो की परिस्थितियाँ उन्हें दर्शन की ओर प्रेरित करने के लिए, अनुकूल न थीं। एथेन्स के प्रतिष्ठित कुल में युद्ध की स्थिति में जन्म लेने वाले व्यक्ति की बौद्धिक स्थिति एवं मर्यादाएँ सर्वथा भिन्न होती थीं।

सुकरात की मृत्यु को प्लेटो ने चुनौती के रूप में स्वीकार किया। उनकी मृत्यु ने प्लेटो को एकाकी ही नहीं छोड़ दिया, उनके लक्ष्य को और भी स्पष्ट कर दिया। सम्भवतः प्लेटो ने अनुभव किया कि उन्हें वह कार्य पूरा करना है जिसे करने में सुकरात असमर्थ रहे, अर्थात् मानव-आचरण सम्बन्धी उन शाश्वत सिद्धान्तों का अन्वेषण करना है, जिनसे व्यक्ति के लिए सुख और राज्य के लिए स्थायित्व की उपलब्धि सम्भव हो। उन्होंने निश्चय किया कि वे सुकरात के सिद्धान्तों का प्रयोग निषेधात्मक रूप में केवल दम्भ और मिथ्याचार के उन्मूलन के लिए नहीं करेंगे, बल्कि उनके माध्यम से वे न्याय, साहस और मिताचार के सच्चे रूप को प्रकट करते हुए उनके अनुकूल, न्याय एवं संविधान सम्बन्धी नियम-रचना करेंगे और अन्ततः एक ऐसे नगर-राज्य का विधान करेंगे जो विवेक और सत्य की दृढ़ आधारभूमि पर स्थित हो, जिसे यदि सुकरात जीवित होते तो उनका पूर्ण अनुमोदन प्राप्त होता। वे सोचते थे कि सुकरात की मृत्यु तभी सार्थक होगी जब उनके मित्र एवं शिष्य उस घटना से प्रेरणा प्राप्त कर अपने को इसी कार्य के प्रति समर्पित कर दें।

उक्त उद्देश्य से, प्लेटो ने ई. पू. 387 के लगभग एक विद्यापीठ की स्थापना की। इस विद्यापीठ में अध्ययन एवं वैज्ञानिक अनुसन्धान दोनों की सुविधा थी। इसके अतिरिक्त उनके अपने निर्देशन में दर्शनशास्त्र, गणित, प्राकृतिक विज्ञान, न्याय और विधि सम्बन्धी शिक्षा दी जाती थी। शीघ्र ही इस विद्यापीठ का महत्त्व एथेन्स तक सीमित न रहकर समस्त यूनान में व्याप्त हो गया और बाद में सन्

529 ई. तक यह विद्यापीठ ज्ञान के विविध क्षेत्रों का नेतृत्व करता रहा। इस विद्यापीठ में एक ओर विशुद्ध शोध-कार्य की व्यवस्था थी और दूसरी ओर सम्भ्रान्त कुल के नवयुवकों को राजनीतिक वृत्ति सम्बन्धी प्रशिक्षा दी जाती थी।

इन्हीं उद्देश्यों को दृष्टि में रखते हुए प्लेटो ने अपने प्रसिद्ध संवादग्रन्थों की रचना की, जिनमें 'विचार-गोष्ठी', 'फीदो', 'फीद्रस', तथा 'गणतन्त्र', विशेष महत्त्वपूर्ण हैं। वृद्धावस्था में उन्होंने न्यायशास्त्र के सिद्धान्तों का भी प्रणयन किया।

अपनी रचनाओं में प्लेटो ने सुकरात की, दूसरे शब्दों में दर्शनशास्त्र की आत्मा को वाणी दी है। उनके संवादों में सत्य का कट्टर, पूर्वाग्रहग्रस्त संपोषण नहीं, तर्क एवं विवेकपुष्ट व्याख्यान है। वे प्रायः मिथ्या का उद्घाटन करते हैं, नवीन सिद्धान्त स्थापना कर उसमें पुनः दोषानुसन्धान करते हैं और तदुपरान्त ऐसे सिद्धान्तों की खोज में प्रवृत्त होते हैं, जो विवेक को निर्विरोध ग्राह्य हों। प्लेटो दार्शनिक चिन्तन का उपयुक्त माध्यम संवाद को ही मानते थे, क्योंकि उसी के माध्यम से यह सिद्ध करना सम्भव था कि सत्य की उपलब्धि सहयोग से ही सम्भव है।

प्लेटो ने एक ऐसी सत्ता की कल्पना की, जो शाश्वत, सतत एवं अक्षय है—यही उनके अनुसार ईश्वर है। यह जगत नश्वर, चिर-परिवर्तनशील एवं अस्थायी है। यह सृष्टि एक ऐसे मूल प्रतिमान एवं आदर्श का प्रतिरूप है जो स्वयं चिरन्तन है, और यह प्रतिकृति ईश्वरकृत है। इस प्रतिकृति के निर्माण का एकमात्र कारण ईश्वर का सतत क्रियमाण, उदार पुरुषार्थ है। प्लेटो के अनुसार केवल शाश्वत एवं परम सत्ता से सम्बद्ध ज्ञान ही निश्चित और अन्तिम हो सकता है, सृष्टि सम्बन्धी सभी ज्ञान अनिश्चितता एवं परिवर्तनीयता के कारण केवल प्रायोगिक व अनिश्चित ही हो सकते हैं। मानव की शाश्वत आत्मा एवं उसके विवेक-तत्त्व का निर्माण स्वयं परम सत्ता (ईश्वर) ने किया, और शरीर एवं अन्य नश्वर अवयव—ग्रह-नक्षत्र आदि ईश्वर द्वारा निर्मित देवताओं ने बनाए।

स्वाभाविक था, कि प्लेटो ने अपने समग्र सिद्धान्त-निरूपण के मूल में इसी विचार को मान्यता दी कि मानव-जीवन का अन्तिम एवं चरम लक्ष्य भौतिक जीवन की सुख-साधना तक ही सीमित नहीं है, बल्कि एक ऐसी नैतिक तर्कबुद्धि का, व्यक्तित्व की विवेकशील प्रवृत्ति का विकास है, जो सत्य के अभिज्ञान में समर्थ हो।

प्लेटो ने सामान्य व्यवहार सम्बन्धी नैतिकता और दार्शनिक नैतिकता में भी भेद किया। उन्होंने कहा कि लोक-प्रचलित, सामान्य व्यावहारिक-नैतिकता, सिद्धान्त-रूप में निर्भ्रान्त एवं प्रामाणिक नहीं होती, क्योंकि उसका आधार चरम सत्यान्वेषी निश्चित अन्तर्दृष्टि नहीं होती। इसके विपरीत दार्शनिक नैतिकता उपर्युक्त अन्तर्दृष्टि पर आधृत, अतः अन्तर्विवेक से पूर्णतः पुष्ट होती है। क्योंकि राजपुरुष का उत्तरदायित्व राष्ट्र की आत्मा की सुरक्षा व निर्माण है, अतः दार्शनिक

नीतिज्ञ ही एकमात्र उचित राजपुरुष हो सकता है। सच्ची राजनीतिज्ञता का अर्थ राष्ट्रीय चारित्र्य का निर्माण है जो दूसरे शब्दों में नैतिक सिद्धान्तों का व्यापक धरातल पर प्रयोग ही है।

उपर्युक्त मान्यताओं के अनुकूल प्लेटो ने जीवन के सभी प्रयासों में हार्दिक अनुभूतियों, रागात्मक प्रतिक्रियाओं की महत्ता स्वीकार करते हुए भी विवेक, ज्ञान आदि बौद्धिक शक्तियों को सर्वोपरि महत्त्व प्रदान किया। ज्ञान की सत्ता हमारे संवेदनों में नहीं, तत्सम्बन्धी हमारे निर्णयों में होनी चाहिए—ऐसा प्लेटो मानते थे।

प्लेटो के सिद्धान्त-निरूपण में सतत आलोचना एवं निषेध का स्वर इतना मुखर है कि उनका पाठक विवेचन के विधेयात्मक अंश की सहज उपेक्षा कर सकता है। उसका ऐतिहासिक कारण है—प्लेटो की मान्यताओं का विकास विरोधाधृत है। उन्होंने अनुभव किया कि होमर, हीसिकद आदि कवियों की रचनाओं को सत्-असत् के विवेक के बिना यूनानी जनता अन्ध श्रद्धा-भाव से ग्रहण करती है, अतः सहज ही उन्होंने इन कवियों की आलोचना से अपना सिद्धान्त-निरूपण आरम्भ कर दिया। प्लेटो के पाठक को उनके विवेचन में व्यर्थ पांडित्य की गंध आ सकती है, क्योंकि आज हमारे लिए होमर आदि ग्रीक कवियों का वही महत्त्व नहीं है जो प्लेटो के लिए था। प्लेटो इन कवियों को युवा यूनानी मस्तिष्क का संपोषक द्रव्य मानते थे। स्वभावतः उनका लक्ष्य कवियों की आलोचना और उनके लिए नियम-विधान हो गया। इसी का परिणाम है कि उनका अधिकांश विवेचन निषेधात्मक है। यही अरस्तू और प्लेटो में दृष्टि-भेद है। अरस्तू वर्ण्य के आदर्श-पक्ष का निरूपण करते हैं और प्लेटो विवादी दृष्टि से तथ्य-विवेचन और दोष-निरूपण करते हैं।

प्लेटो के काव्य-सम्बन्धी दृष्टिकोण का सूत्र दर्शन-शास्त्र और काव्य के पारस्परिक विरोध में अन्तर्निहित है। यही काव्य-निषेध का मूल कारण भी है। काव्य और दर्शन-शास्त्र का यह प्रतीयमान विरोध सहज नहीं, प्लेटो की समसामयिक एवं ऐतिहासिक पृष्ठभूमि की विशिष्ट देन है। दर्शन और काव्य का यह विरोध अविकसित अवस्था में ही हो सकता है परन्तु विकसित एवं ऊँचे धरातल पर महान कवि और दार्शनिक कभी विरोधी नहीं होते। स्वयं प्लेटो की कवित्व-शक्ति उनकी विवेचन-शैली में सहज व्यक्त है।

ईसा के उपरान्त तीसरी शताब्दी में प्लेटो के सिद्धान्तों ने रोम में प्रसिद्ध विचारक प्लोतिनस की चिन्ताधारा को प्रभावित किया और तदुपरान्त वे प्रायः प्लोतिनस की ही दृष्टि से देखे जाते रहे। इसी दृष्टि से सत्रहवीं शताब्दी में प्रतिष्ठा-प्राप्त विचारकों के एक ऐसे समुदाय ने प्रेरणा ग्रहण की, जिन्हें 'केम्ब्रिज प्लेटोनिस्ट्स' कहा गया। इनमें विचकट, हैनरी मूर, कडवर्थ, जॉन स्मिथ आदि विशेष उल्लेखनीय हैं। तदुपरान्त 'ए. एन. व्हाइटडैड' ने अपनी रचनाओं में एक

ऐसे विज्ञान-दर्शन की खोज का प्रयास किया जिसका मूल उनके अनुसार प्लेटो की रचनाओं में निहित था।

काव्यशास्त्र के क्षेत्र में इसी मेधावी आचार्य की देन, प्रायः दर्शन और राजनीति के सघन घटाटोप में धुँधला गई है, आगामी पृष्ठों में उसी के अभिज्ञान एवं निरूपण का प्रयास किया गया है।

काव्य की परिभाषा, काव्य-भेद और काव्य-स्वरूप

प्लेटो ने काव्य को लक्षणबद्ध नहीं किया। उन्होंने विवेचन भी नहीं, तिरस्कार किया। काव्य के विरोध में उन्होंने जो तर्क प्रस्तुत किए हैं, उन्हीं के आधार पर उनकी तद्विषयक धारणाएँ एवं विवेचन का स्वरूप स्पष्ट किया जा सकता है। काव्य से सम्बद्ध किसी भी विषय की परिभाषा एवं सूत्रबद्ध लक्षण प्लेटो के विवेचन में ढूँढ़ना व्यर्थ होगा। उनका विषय काव्य-सिद्धान्त-निरूपण न होकर, आदर्श-राज्य-विधान था। काव्य-विषयक चिन्तन उसमें आनुषंगिक रूप से किया गया है। काव्य-लक्षण की खोज उनके इसी चिंतन के बीच करनी होगी।

काव्य एक कला है

प्लेटो के पूर्ववर्ती यवन आचार्यों ने भी काव्य को अनुकरणमूलक कला स्वीकार किया है, अतः प्लेटो ने यह सिद्धान्त प्रख्यात मत से ग्रहण कर लिया। कलाकार शब्द का प्रयोग भी यूनान में अत्यन्त व्यापक अर्थ में किया गया है। इसी मूल धारणा के आधार पर बाद में पश्चिम के सौन्दर्यशास्त्रियों ने उपयोगी एवं ललित कलाओं का भेद-निरूपण किया। प्लेटो ने इस विभाजन का किंचित् शब्द-भेद से निर्देश कर दिया था : "क्या हम सामान्य रूप से यह नहीं कह सकते कि किसी भी पदार्थ से सम्बद्ध कलाएँ तीन प्रकार की होती हैं—उसके उपयोग की कला, उसके निर्माण की कला और उसके प्रतिरूपण की कला।"[1]

मूलतः वे ललित एवं उपयोगी या यांत्रिक कलाओं में भेद नहीं करते थे। इसका कारण यह था कि वे सत्य और सौन्दर्य की अभिव्यक्ति को काव्य या अन्य ललित कलाओं का विषय नहीं मानते थे। उनके मतानुसार विवेक की साकार अभिव्यक्ति सम्भव ही नहीं है। इस बात की पुष्टि उनके व्याख्याताओं ने भी की है।[2] फिर भी प्लेटो ने कला-विभाजन में प्रकार-भेद के साथ स्तर-भेद निरूपित

करने का प्रयास किया है। वे सामान्यतः प्रतिरूपणात्मक कलाओं को अन्य कलाओं की अपेक्षा निकृष्ट मानते थे, यह निष्कर्ष, उनके विवेचन के आधार पर सहज ही ग्रहण किया जा सकता है।

(1) जो कला सत्य से जितनी दूर होगी उतनी ही निम्न कोटि की मानी जाएगी, और इस दृष्टि से प्रतिरूपणात्मक कलाएँ सत्य की दूसरी पीढ़ी में आती हैं। वे सत्य के अनुकरण का भी अनुकरण होती हैं।

(2) पदार्थ के उपयोग, निर्माण और प्रतिरूपण में उपयोक्ता ही अन्य दो का नियमन करता है। उपयोगकर्ता वस्तु की अच्छाई-बुराई, उसकी उपयोग-कला से अवगत होता है, निर्माता उसके निर्णय पर विश्वास कर तदनुकूल वस्तु-निर्माण करता है, परन्तु अनुकर्ता उक्त ज्ञान और विज्ञान का अधिकारी नहीं होता है।[3]

(3) आत्मा के दो अंग होते हैं—साधु और असाधु। पहले का सम्बन्ध विवेक से और दूसरे का संवेग से होता है। अनुकरणात्मक कलाओं का मुख्य विषय सहज उद्वेलनशील मानवीय संवेदना, या मनोवेग होते हैं।[4]

(4) "काव्य का प्रभाव हमारी आत्मा पर अत्यन्त घातक होता है। क्योंकि वह हमारी भावनाओं का हानिकर उत्तेजन करता है।...क्या हमें दूसरे व्यक्तियों को ऐसा आचरण करते देख कर आनन्दित होना चाहिए जो हम अपने प्रसंग में घृण्य मानेंगे?"[5]

काव्य इस दृष्टि से चित्र आदि कलाओं की समानधर्मा कला है, जिसका मूल तत्त्व है—अनुकरण।

अतः

(1) काव्य एक कला है।

(2) कलाएँ व्यापक रूप से तीन प्रकार की होती हैं—(क) उपयोग सम्बन्धी कलाएँ (ख) निर्माण-सम्बन्धी कलाएँ (ग) प्रतिरूपण सम्बन्धी कलाएँ।

(3) चित्रकला आदि की भाँति काव्य, उक्त भेदों में से तीसरे—प्रतिरूपणात्मक भेद के अन्तर्गत आता है।

(4) चित्रकार एवं कवि आदि (ललित) कलाकार निम्नतर कोटि के कलाकार हैं—

क्योंकि :

(क) वह सत्य के अनुकरण का अनुकर्ता है।

(ख) वह न अपने विषय के तात्विक रूप का ज्ञाता होता है न उपयोग का।

(ग) उसकी रचनाएँ आत्मा के असाधु अंश का पोषण करती हैं।

(घ) मानव संवेगों पर इन कलाकृतियों का प्रभाव उत्तेजनात्मक, अतः हानिकारक होता है।

काव्य के भेद

आचार्य प्लेटो ने काव्य के तीन मुख्य भेद माने हैं :

(1) अनुकरणात्मक—जिसके अन्तर्गत उन्होंने नाट्य-विधाओं—त्रासदी और कामदी को स्थान दिया।

(2) प्रकथनात्मक—जिनका वक्ता कवि मात्र होता है—रौद्र-स्तोत्र[1] जिसका सर्वोत्तम उदाहरण है।

(3) मिश्र—जिनमें उपर्युक्त शैलियों का सम्मिलित प्रयोग होता है जैसे महाकाव्य एवं अन्य समानान्तर काव्य-रूपों में।[6]

भारतीय आचार्यों द्वारा कृत काव्य-भेदों के विभाजन में उक्त मत से पर्याप्त साम्य है। ग्राहक इन्द्रियों के आधार पर काव्य का 'दृश्य' और 'श्रव्य' भेदों में विभाजन अन्ततः नाट्य और समाख्यानात्मक विधाओं के बीच व्यावर्त्तन ही है। यदि सूक्ष्म दृष्टि से देखा जाए, तो नाट्य-विधाओं के लिए दृश्य शब्द अधिक समीचीन है। अनुकरण में जो अतिव्याप्ति की सम्भावना है वह दृश्य में नहीं। अनुकरण दृश्येतर विषयों का भी हो सकता है, उसमें दृश्यात्मक अभिनय ही हो, ऐसा अनिवार्य नहीं। इसके अतिरिक्त काव्य जाति है, नाट्य प्रजाति। जब प्लेटो काव्य मात्र को ही अनुकरण मानते हैं तो उसके एक विशिष्ट भेद को पुनः अनुकरण कहकर अन्य भेदों से उसका अन्तर किस आधार पर किया जाय?

उक्त उलझाव का एक निश्चित कारण है। अनुकरण के लिए ग्रीक भाषा का मूल शब्द 'मीमेसिस' था। जैसा कि प्लेटो के व्याख्याता एवं अनुवादक विद्वानों ने स्पष्ट किया हैं, आरम्भ में प्लेटो ने मुख्य रूप से नट के द्वारा पात्र-विशेष के रूप-धारण की ही चर्चा की है। और नट उन पात्रों का (उदाहरण के लिए ओथेलो का) अनुकरण कैसे कर सकता है, जिन्हें उसने कभी देखा नहीं। वह तो केवल कवि (शेक्सपियर) निबद्ध पात्र का ही प्रतिदर्शन, मूर्तीकरण या पुनःसृजन कर सकता है। कुछ सीमा तक प्रेक्षक भी अपने प्रशंसित पात्रों से तादात्म्य स्थापित कर लेता है।[7]

इस प्रकार ग्रीक शब्द 'मीमेसिस' के अंग्रेजी अनुवाद 'इमीटेशन' तथा उसके हिन्दी अनुवाद 'अनुकरण' में मूल अर्थ-वहन करने की सामर्थ्य नहीं है। ग्रीक शब्द में गर्भित अर्थ 'इमीटेशन' व 'अनुकरण' के व्यवहृत अर्थ से व्यापक ही नहीं, भिन्न भी हैं। इस प्रश्न पर विस्तृत विचार अन्यत्र किया जाएगा।

शैली के भेद

प्लेटो ने काव्य-भेदों के ही आधार पर शैली के तीन भेद स्वीकार किए हैं।

---

1. प्लेटो के समय में प्रचलित गीतिकाव्य का सर्वाधिक महत्त्वपूर्ण प्रकार।

उनके मतानुसार गद्य व पद्य माध्यम से अभिव्यंजित किसी भी कथानक में भूत, वर्तमान या भविष्य की घटनाओं का उपस्थापन होता है। ऐसा, शुद्ध समाख्यानात्मक, नाट्य अथवा दोनों शैलियों में किया जा सकता है। अपनी बात को आचार्य प्लेटो ने इलियद और ओदेसी के दृष्टान्त से पुष्ट किया। उन्होंने उक्त रचनाओं की चर्चा करते हुए कहा कि उनमें आद्यन्त घटनाओं का उपस्थापन इन दोनों शैलियों में किया गया है। प्रगीत-शैली के प्लेटो ने तीन अंग माने हैं—शब्द, माधुर्य और लय, तथा इनकी पारस्परिक अनुकूलता पर भी बल दिया है। वस्तुतः माधुर्य और लय को उन्होंने शब्दों का अनुवर्ती माना है। शैली की सफलता-विफलता स्वभावतः लय की सामर्थ्य पर निर्भर रहती है। आचार्य प्लेटो ने माना कि सुन्दर-असुन्दर लय का समीकरण ही तदनुकूल सुन्दर-असुन्दर शैली में होता है। और समरसता तथा विस्वरता इसी प्रकार शैली का अनुवर्त्तन करती हैं क्योंकि सिद्धान्ततः लय तथा समरसता के नियामक शब्द होते हैं।[8]

शब्दों की लयबद्ध अभिव्यक्ति पर बारम्बार बल देने का एक विशेष कारण था कि यूनान में मूर्तिकला की अपेक्षा संगीत के शैक्षिक प्रभाव पर कहीं अधिक बल दिया जाता था। यूनानी जनता शब्दों के प्रति, विशेषकर लयबद्ध शब्दों के प्रति अत्यन्त ग्रहणशील थी, इसीलिए प्लेटो ने शब्द-संगीत (शब्द+लय+समरसता) का मानवात्मा पर प्रभाव सर्वाधिक अन्तर्वेशी माना है। यह धारणा स्पष्टतः उन्होंने समसामयिक सामाजिक-सांस्कृतिक परिस्थिति के आधार पर बनाई थी।[9] आचार्य प्लेटो की चिन्ताधारा पर नैतिक मूल्यों का इतना अधिक आतंक था कि वे काव्य-सम्बन्धी प्रत्येक विषय का विवेचन करते समय उन्हें आधार के रूप में ग्रहण कर लेते थे। उनकी समग्र सिद्धान्तवादिता का पर्यवसान नैतिक मानदण्डों के महत्त्व-स्थापन में होता था। उन्होंने इसीलिए अन्य प्रसंगों की भाँति काव्य के विषय अर्थात् कथ्य, और कथन-भंगिमा, वर्ण्य और वर्णन-रीति—दोनों को नैतिक चरित्राश्रित माना है।[10]

लय को प्लेटो परिमेय गति मानते हैं, यह गति निश्चित सिद्धान्तों के आधार पर नियोजित की जाती है। इसी प्रकार सुन्दर आकृति, वह आकृति है जिसका नियोजन निश्चित सिद्धान्तों के अनुसार किया गया हो। सभी कलाकृतियों में—गति, सामरस्य अथवा रूप सम्बन्धी औचित्य-अनौचित्य विद्यमान रहता है। लय और रूप का, एक ओर समस्त सृष्टि में समवेत रूप से परिव्याप्त विवेक, लय और समरसता से, और दूसरी ओर मानव-चरित्र में वर्तमान तर्कबुद्धि और साधुता से आत्मीय सम्बन्ध है। यही कला और चरित्र अथवा नैतिकता का सच्चा सम्बन्ध है।

रूप और लय के सुचिन्तित निर्माण या सानुक्रम निर्वाह के लिए तत्सम्बन्धी उचित-अनुचित का बोध एवं विवेक होना आवश्यक है। ठीक यही बात आचरण के सम्बन्ध में सत्य है। चारित्रिक साधुता-असाधुता का हेतु भी यही बोध है।

अतः नियतलयता और चारित्रिक साधुता का सम्बन्ध स्पष्ट है।[11]

उन्होंने इस सम्बन्ध में अपना निर्णय देते हुए कहा कि भाषण में वर्ण्य और रूप की संगीतात्मक अभिव्यक्ति, लय की श्रेष्ठता, रूप और गति की शोभा, सद्प्रकृति पर निर्भर है। उन्हें आशंका हुई कि कहीं सद्प्रकृति से कोई मूर्खतावश सरलता का आशय न ग्रहण कर ले जिसे कभी-कभी हम औपचारिकता के कारण सद्वृत्ति कह देते हैं। अतः उन्होंने इस भूल के प्रति सावधान करते हुए स्पष्ट कर दिया कि सद्प्रकृति से उनका आशय ऐसी प्रकृति से है जिसमें चारित्रिक साधुता भलीभाँति और सच्चे रूप में प्रतिष्ठित हो।[12]

निष्कर्ष रूप में :

1. काव्य के तीन भेद होते हैं—अनुकरणात्मक, प्रकथनात्मक, मिश्र।

2. काव्य के उक्त भेदों के अनुसार ही शैली भी तीन प्रकार की होती है : नाट्य, वर्णनात्मक और मिश्र। नाट्य में पहली, प्रगीतादि में दूसरी और महाकाव्यादि में तीसरी का प्रयोग किया जाता है।

3. प्रगीत के तीन अंग होते हैं—शब्द, माधुर्य और लय। इनमें से माधुर्य और लय का सौन्दर्य, शब्द-निर्भर होता है।

4. काव्य में वर्ण्य और अभिव्यंजना, दोनों से सम्बद्ध सौन्दर्य का आधार होता है सद्प्रकृति। काव्य-सौन्दर्य के उपकारक सभी तत्त्व—संगीतात्मक अभिव्यक्ति, लय की सामर्थ्य, गति की समरसता, सभी सद्प्रकृति पर निर्भर रहते हैं।

5. सद्प्रकृति का आशय मूर्खतापूर्ण सरलता न होकर, चारित्रिक साधुता होता है।

काव्य और अभिव्यंजना

आचार्य प्लेटो ने काव्य के आकर्षण का कारण उसके शिल्पगत सौन्दर्य एवं लालित्य को माना है। शब्द-माधुरी, ललित पदावली, नियतलयता एवं छन्दोबद्धता का सम्मोहन आचार्य प्लेटो इतना प्रबल मानते हैं कि उसके अभाव में, विषय चाहे कितना विराट एवं समर्थ हो या साधारण तथा मधुर—सर्वथा अनाकर्षक, रूप-निर्धन तथा अप्रभावशाली प्रतीत होगा।

प्रश्न उठता है कि क्या काव्य केवल शब्द-क्रीड़ा है? क्या काव्य-रचना के समस्त प्रयास केवल शिल्पगत हैं? छन्द-साधना एवं मधुर पद-रचना मात्र हैं? अथवा क्या काव्य का आकर्षण केवल शैली के तत्त्वों तक सीमित है? उत्तर होगा—नहीं! आचार्य प्लेटो ने इस स्थापना से जहाँ एक ओर काव्य में कला-पक्ष की महत्त्व-प्रतिष्ठा की, वहाँ उसके अर्थ-गौरव की सर्वथा उपेक्षा कर दी। इस सम्बन्ध में दो प्रश्न सहज रूप से उठते हैं। पहला—क्या छन्द एवं शिल्पगत सौन्दर्यविहीन सरल रचनाएँ अकाव्य हैं? दूसरा—क्या शब्द चमत्कारयुक्त छन्दोबद्ध

नीरस रचना काव्य है? पहले प्रश्न के उत्तर में कहा जा सकता है कि सरसता का साधक शिल्प नितान्त सौन्दर्य-विहीन नहीं हो सकता। उसमें कुछ दूर तक भाव-प्रेरित सौन्दर्य सहज रूप में आ ही जाएगा। शैलीगत सौन्दर्य साध्य भले ही न हो परन्तु साधक अवश्य होता है। भाव की रमणीयता का प्रेषण यदि सर्वथा अरम्य माध्यम से निष्पन्न होगा, तो वह काव्य या साहित्य की सरसता में साधक न होकर बाधक बन जाएगा और ऐसी स्थिति में अकाव्य नहीं तो सुकाव्य की रचना भी सम्भव नहीं हो सकती। भाव की रमणीयता के लिए अंशतः शैलीगत सौन्दर्य भी उत्तरदायी होता है, और शैली में भाव-प्रेरित सौन्दर्य का सन्निवेश अत्यन्त सहज है, किन्तु साधन-रूप में भाव की रमणीयता शैलीगत सौन्दर्य से पोषित होती है, उस पर पूर्णतः निर्भर नहीं रहती।

दूसरे प्रश्न का उत्तर निश्चय ही नकारात्मक होगा। रमणीयता एवं रसाभाव में केवल शब्द-क्रीड़ा, मात्र छन्दोबद्धता, वाणी-विलास, काव्य नहीं कहला सकते। केवल वाक्य-वक्रता तब तक काव्य नहीं हो सकती, जब तक उसमें वाच्य-वक्रता न हो।

काव्य और सत्य

गणतन्त्र के दसवें अध्याय में प्लेटो ने काव्य के माध्यम से व्यक्त सत्य के स्वरूप का स्पष्टीकरण किया। उन्होंने मूल सत्य का कर्ता ईश्वर को, उस सत्य की अनुकृति सृष्टि को और इस अनुकृति का अनुकरण काव्य को माना। इस प्रकार काव्य मूल सत्य से तिगुना दूर हो गया।

काव्य के माध्यम से सत्य का द्वित्व अथवा अंशाभिव्यक्ति भी उन्हें स्वीकार्य नहीं। बड़े प्रबल शब्दों में उन्होंने उक्त प्रसंग में सत्य की एकमात्र अखण्ड सत्ता की प्रतिष्ठा की है। सृष्टि में सत्य के किसी प्रकार के अंशांशी सम्बन्ध को भी वे मान्यता नहीं देते। अपने मन्तव्य को उन्होंने एक पलंग का उदाहरण देकर स्पष्ट किया। जैसे एक पलंग का मूल कर्ता (उनका आशय प्रकृत रूप से था) ईश्वर उसका अनुकर्ता बढ़ई एवं इस अनुकरण का अनुकर्ता चित्रकार होता है। इसलिए वह कलाकार जिसकी कृति प्रकृति से तिगुनी दूर हो अनुकर्ता कहा जाएगा। अतः यदि त्रासदीकार अनुकर्ता है तो वह तथा अन्य सभी अनुकर्ता भी परम सत्ता एवं सत्य से तिगुने दूर हैं।[13]

अतः

1. मूल सत्य एक है, अखण्ड है, एवं ईश्वर उसका कर्ता है।
2. यह वस्तु-जगत उस परम सत्य का अंश नहीं, अनुकरण है।
3. कलाकार इस अनुकरण का भी अनुकर्ता है, अतः सत्य से तिगुना दूर है।
4. अन्ततः सभी कलाकारों की भाँति त्रासदीकार भी अनुकर्ता अतएव सत्य से

तिगुना दूर है।

प्रश्न उठता है कि यदि काव्य सत्य की अभिव्यक्ति न होकर केवल सत्य के अनुकरण का अनुकरण मात्र है, तो भी इस अनुकरण के निमित्त क्या विषय के सत्य या वास्तविक रूप का ज्ञान अनुकर्ता के लिए अनिवार्य नहीं है? और इस प्रकार होमर आदि त्रासदीकारों को उन समस्त विषयों का ज्ञाता न माना जाए जिनका वे अपने काव्य के माध्यम से अनुकरण करते हैं? दूसरे शब्दों में कवि सत्य का सर्जक नहीं अनुकर्ता, परन्तु अनुकरण के निमित्त ज्ञाता है अथवा नहीं? यवनाचार्य ने इस प्रश्न का भी नकारात्मक उत्तर दिया है। उन्होंने स्पष्ट कहा कि हम कुछ व्यक्तियों को ऐसा कहते सुनते हैं कि ये कवि (होमरादि) सब कलाओं के ज्ञाता होते हैं, समस्त मानवीय गुण-दोषों एवं अलौकिक विषयों के भी ज्ञाता होते हैं क्योंकि श्रेष्ठ कवि विषय-ज्ञान के अभाव में सुन्दर रचना नहीं कर सकता और इस ज्ञान के बिना कवि की सत्ता असम्भव है।[14]

प्लेटो के अनुसार यह मान्यता ऐसे व्यक्तियों की है जो इन अनुकर्ताओं के सम्पर्क में आकर भी इनसे छले गए हैं। इनकी कृतियों का अवलोकन करते समय उन्होंने विस्मरण कर दिया कि वे सत्य से तिगुनी दूर हैं तथा उनका प्रणयन सत्य के वास्तविक ज्ञान के अभाव में भी सम्भव है, क्योंकि वे सत्य का आभास मात्र हैं।[15]

अपनी बात को तर्क के द्वारा प्रमाणित करने के लिए प्लेटो ने उदाहरण दिया, उस चित्रकार का जो चित्र के विषय का चित्रांकन करता है, परन्तु चित्रांकित विषयों का स्वयं ज्ञाता नहीं होता। मोची का चित्र बनाने वाला चित्रकार स्वयं इस कला का जानकार एवं उसमें व्यवहारसिद्ध नहीं होता, फिर भी उसकी रचना, उन दर्शकों के सामने भी, जो स्वयं इस चित्रकार के समान अज्ञानी होते हैं, वास्तविकता का भ्रम उत्पन्न कर देती है। कारण—उनके निर्णय का आधार रूप-रंग की समानता ही होती है। ठीक उसी प्रकार होमर आदि सभी कवि जो सत् एवं अन्य विषयों का अपने काव्य में छायानुकरण करते हैं, केवल अनुकर्ता होते हैं, सत्य से उनका सम्पर्क नहीं होता। प्लेटो के मतानुसार कलाकार, मानो प्रकृति के सामने दर्पण रख देता है। इससे अधिक उसकी सिद्धि और कुछ नहीं है। और दर्पण में प्रकृति के बाह्य या दृश्यमान रूप से अधिक प्रतिबिम्बित हो ही क्या सकता है?[16]

कवि, शब्दों और वाक्यांशों से विषय को रूप-रंग देता है, किन्तु विषय के प्रकृत रूप का उसे केवल उतना ही ज्ञान होता है जितना अनुकरण के लिए आवश्यक है। अन्य व्यक्ति जो उसी के समान अज्ञानी होते हैं, और उसके शब्दों से ही निर्णय करते हैं—कल्पना कर लेते हैं कि वह चाहे सैन्य-नीति की बात कर रहा हो, अथवा मोची की, अथवा किसी भी अन्य विषय की, यदि उसका वर्णन लालित्यपूर्ण, लयात्मक एवं छन्दोबद्ध है, तो अत्यन्त श्रेष्ठ है। लय और लालित्य

का प्रभाव स्वभावतः ऐसा ही मधुर होता है। अपने मन्तव्य की पुष्टि के लिए आचार्य प्लेटो ने तर्क दिया कि कला द्वारा प्रदत्त रंगमयता एवं रूपाकर्षण के अनावरण से सामान्य गद्य में रूपान्तरित कवि-कृतियाँ कितनी रूप-निर्धन प्रतीत होंगी, यह सर्व-विदित है। वे उन गत-यौवन कान्तिहीन मुखों के समान हैं जो वस्तुतः कभी सुन्दर नहीं थे केवल यौवनावस्था की प्रभा से दीप्त थे।

निष्कर्ष रूप में–अनुकर्ता अथवा छायानुकृतियों का निर्माता केवल बाह्य रूप का ज्ञाता होता है, विषयों के सत्य-रूप अथवा स्थिति का नहीं।[17]

विषय के अन्तरंग-ज्ञान, अर्थात, उसके सत्य-स्वरूप के अभिज्ञान को अनुकर्ता के लिए आचार्य प्लेटो ने सर्वथा अनावश्यक माना है। प्रश्न उठता है कि क्या वह असत्य का अनुकरण करता है? यदि नहीं, तो विषय के वास्तविक रूप या सत्य रूप से सर्वथा अनभिज्ञ रहकर उसकी अभिव्यक्ति या अनुकरण काव्य में कैसे सम्भव हो सकता है? इसका उत्तर देते हुए आचार्य प्लेटो ने कहा कि कवि किसी भी विषय के गुण-दोषों के निमित्त कारणों से अनभिज्ञ रहकर भी अनुकरण करता रहता है, अतः उससे अनजान जन-सामान्य को सत्भासित या प्रतीत होने वाले विषयों के अनुकरण की ही आशा करनी चाहिए।[18]

यदि कवि वास्तविक सत्य से अनभिज्ञ, स्वयं तथा जन-सामान्य को सत्य प्रतीत होने वाले विषयों का अनुकर्ता है, तो उसकी कृति की व्याख्या किन शब्दों में की जाए? यवनाचार्य सत्य भासित होने वाले इन विषयों के अनुकरण को केवल कवि-क्रीड़ा मानते थे।[19]

उक्त विवेचन से स्पष्ट है कि आचार्य प्लेटो की काव्य-सृजन सम्बन्धी स्थापनाओं का आधार, उनकी वही मूल मान्यता है कि यह भौतिक सृष्टि परम सत्य का, और काव्य इस वस्तु-जगत का अनुकरण है। दोनों ही आध्यात्मिकता से दूर जिसमें काव्य अपेक्षाकृत और भी दूर है। उनकी इस मान्यता के ग्रहण में शंका तब होती है जब वे सत्य के अनुकरण के लिए, सत्य का वास्तविक ज्ञान या आत्मसाक्षात्कार भी आवश्यक नहीं मानते। उक्त स्थापना का पोषण इसी विश्वास से हुआ है कि यह वस्तु-जगत सत्य की अनुकृति है, अंश नहीं, और काव्य में दृश्यमान जगत का ही चित्रण होता है। स्पष्ट है आचार्य प्लेटो के सिद्धान्त-निरूपण का आधार इतिवृत्तात्मक, वस्तुपरक रचनाएँ ही रहीं, जिनका स्वरूप घटना-प्रधान था, अन्यथा वे यह नहीं कहते कि विषय के रूपाकार का बाह्य ज्ञान ही अनुकरण के लिए पर्याप्त है। जहाँ अनुकरण का विषय स्थूल, साकार एवं मूर्त है वहाँ तो कुछ सीमा तक यह मान्यता स्वीकार्य हो सकती है, किन्तु जहाँ काव्य का विषय मानव-मन की सूक्ष्म, अमूर्त, अनुभूतियाँ हैं, वहाँ बाह्य-रूप का ऊपरी ज्ञान या दृश्य-ज्ञान, पुनःसृजन के लिए पर्याप्त कैसे हो सकता है? पात्रों के व्यवहार का, कार्य-व्यापार का, अनुभूतियों का, अन्तःप्रकृति का–एक शब्द में समग्र चारित्र्य

का अंकन करने के लिए कवि केवल कल्पना और अनुभूति के सहारे उनके साथ तादात्म्य ही नहीं करता, उन्हीं क्षणों में, परिस्थितियों में स्वयं जीता है। यदि वह ऐसा नहीं करता, तो वह वास्तविकता का भ्रम उत्पन्न करने में भी समर्थ नहीं हो सकता। वस्तु के बाह्य रूपाकार का वर्णन करने के लिए ऊपरी दृश्य-ज्ञान पर्याप्त हो सकता है, अन्तर्मन की सूक्ष्म विवृत्तियों के लिए नहीं। भ्रम हो सकता है कि प्लेटो विषय से तादात्म्य, काव्य-सृजन के लिए अनिवार्य नहीं मानते, परन्तु उन्होंने अन्यत्र (इओन में) स्पष्ट किया है कि काव्य-विषय से तादात्म्य केवल कवि के लिए ही नहीं, वाचक चारण-वृन्द के लिए भी अनिवार्य है अन्यथा वह श्रोता-वृन्द पर अभीष्ट प्रभाव डालने में सफल नहीं हो सकता।

अतएव इस प्रसंग में आचार्य प्लेटो का आशय विषय के तादात्म्य से नहीं, सत्य के अभिज्ञान से है। उनका अभिप्राय यही है कि मूल सत्य इस दृश्यमान जगत से परे की वस्तु है। जो दृश्य-रूप है वह सत्य तो नहीं, उसका दिखावा मात्र है और काव्य का विषय यही दृश्यमान सृष्टि है जो स्वयं सत्य का अनुकरण है। कवि बाह्य रूपों के आकर्षण से बँधा हुआ उन्हीं का अनुकरण काव्य में करता है। इस अनुकरण के लिए मूल सत्य का नहीं दृश्यमान जगत का, जो सत्य का दिखावा मात्र है, ज्ञान पर्याप्त है। प्लेटो ने इस धारणा को सिद्ध करने के लिए जो व्यावहारिक तर्क दिया उसमें निश्चय ही बल है। जिस प्रकार चर्मकार का चित्र बनाने के लिए जूते बनाने की कला में पारंगत होना अनिवार्य नहीं है, ठीक उसी प्रकार किसी भी विषय का वर्णन करने के लिए उसके दृश्यमान रूप का निरीक्षण-परीक्षण ही पर्याप्त है, अतः वस्तु-जगत का चित्रण करने के लिए उसके मूलभूत निर्मायक तत्त्वों, उसमें अनुकृत मूल सत्य का ज्ञान अभीष्ट नहीं है।

जैसा पहले भी कहा जा चुका है, उनके काव्य-सिद्धान्त उनकी दार्शनिक मान्यताओं पर आधृत हैं। पश्चिम में कला को जन-कल्याण, हित एवं सत्य से असम्पृक्त रूप में देखने की प्रवृत्ति का बीजारोपण प्लेटो के सिद्धान्त से ही हुआ। भारतीय मनीषियों ने काव्य को कला नहीं विद्या माना, एवं उसके उद्देश्य आनन्दोपलब्धि से, सौन्दर्य-व्यंजना से, सत् और लोक-कल्याण की भावना को बहिष्कृत कभी नहीं किया। इसके अतिरिक्त भारतीय वाङ्मय का अधिकांश धर्म, दर्शन एवं अध्यात्म से प्रेरित है। ऐसे काव्य में सत्य की अभिव्यक्ति अथवा सत्योपलब्धि के प्रयास को अस्वीकार करना उसके महत्त्व एवं सदुद्देश्य का अवमूल्यन करना है। प्लेटो इस आशंका के प्रति असावधान न थे। इसीलिए उन्होंने काव्य और कवि का बहिष्कार करने पर भी ऐसे काव्य को स्वीकार कर लिया है जिसमें ईश्वर-स्तुति या धर्म-प्रवचन हो।[20]

अधिकांश भारतीय आस्तिक दर्शनों में जगत और जीव में सत्य का अंश,

बिम्ब-प्रतिबिम्ब अथवा अंश-अंशी सम्बन्ध से स्वीकार किया गया है। अतः इस दृष्टिकोण से भी–काव्य सत्य का अनुकरण है अथवा सत्य के अनुकरण का अनुकरण है? प्लेटो की यह स्थापना विवाद का विषय हो सकती है। उल्लेख करना अप्रासंगिक न होगा कि प्लेटो का यह सिद्धान्त जहाँ एक ओर भारतीय आस्तिक और नास्तिक दर्शनों के विरुद्ध पड़ता है वहाँ दूसरी ओर समाजवाद के भी, जिसमें पदार्थ को एकमात्र सत्य स्वीकार किया जाता है, तथा जिसे प्लेटो ने मूल रूप या मूल सत्य कहा, उसकी सत्ता–अमूर्त व मानसिक धारणा-मात्र रूप में स्वीकार की जाती है। जो प्लेटो के मत में सत्य का अनुकरण है वही द्वन्द्वात्मक भौतिकवाद के अनुसार–भौतिक पदार्थ, मूल सत्य है। यदि दोनों दृष्टियों में कहीं समानता दिखायी पड़ती है तो वह केवल काव्य-प्रयोजन के प्रसंग में। काव्य का प्रयोजन जिस प्रकार प्लेटो जन-कल्याण या लोक-हित मानते थे उसी प्रकार समाजवादी चिन्तकों ने कालान्तर में उसी कला को मान्यता दी जो अधिक से अधिक व्यक्तियों के अधिक से अधिक हित-साधन में समर्थ हो। प्लेटो की भाँति उन्होंने भी सौन्दर्य का अर्थ जीवन का स्वास्थ्य किया। दोनों दृष्टियों का तात्विक भेद सत्य की व्याख्या से सम्बद्ध है। प्लेटो जहाँ सत्य को इस जगत से भिन्न अमूर्त सत्ता, विचार-रूप मानते थे, वहाँ भौतिकवादी सत्य की स्थिति पदार्थ-रूप, स्थूल, गोचर स्वीकार करते हुए किसी प्रकार के आध्यात्मिक विश्वास की सत्ता वायवी, भ्रान्तिपूर्ण और मिथ्या मानते हैं।

प्लेटो के दार्शनिक सिद्धान्तों में आंशिक वैचारिक समानता केवल वेदान्त से है। वेदान्त की ही भाँति प्लेटो ने मूल सत्य को एक, अखण्ड व अगोचर माना है। वेदान्ती उसे भी ब्रह्म का पर्याय घोषित करते हैं। सृष्टि-विस्तार ब्रह्म की 'एकोऽहं बहुस्यामि' इच्छा का परिणाम है। और प्लेटो का जगत अरूप का सरूपान्तरण। निर्माता वहाँ भी ईश्वर है। वेदान्ती केवल जीव को सत्य और जगत को मिथ्या मानता है। प्लेटो ने जीव पर पृथक् रूप से विचार नहीं किया, परन्तु जगत को वे भी एक अर्थ में मिथ्या ही घोषित करते हैं। जीव को ब्रह्म का ही प्रतिबिम्ब या प्रतिच्छाया स्वीकार करने जैसी कोई धारणा प्लेटो के मन में न थी। व्यावहारिक धरातल पर आत्मनिग्रह या संयम पर दोनों ने अत्यधिक बल दिया। वेदान्तियों का आत्मनिग्रह आत्मसाक्षात्कार के निमित्त, अतः अधिक आध्यात्मिक था। प्लेटो का दृष्टिकोण अपेक्षाकृत व्यावहारिक एवं सांसारिक था जिसमें आत्मसंयम का सम्बन्ध सामाजिक धरातल पर नैतिक आचरण से है। जो भी हो, प्रस्तुत प्रसंग का विस्तार इस प्रकरण में अनपेक्षित है। इसका सम्बन्ध मुख्यतः दर्शन से है। ये प्रश्न उसी मूल दार्शनिक प्रश्न पर आधृत हैं कि यह जगत क्या सत्य से शून्य, केवल उसका अनुकरण है? जिसका उत्तर दर्शन का विषय है।

उनकी मान्यता में बल इतना ही है कि उन्होंने काव्य के वस्तुपरक आधार की स्थापना और स्वीकृति की है। अतः, निष्कर्ष रूप में :

1. काव्य-विषय का अन्तरंग या तात्विक ज्ञान अनुकर्ता कवि के लिए अनिवार्य नहीं।
2. विषय के चित्रांकन या वर्णन में बाह्य रूपरंग की समानता वास्तविकता का भ्रम उत्पन्न करती है।
3. कला-कृतियों में निबद्ध आकर्षण सत्याभिव्यक्ति का नहीं, बाह्य रूप-रंग का होता है, जिसके अभाव में वे सर्वथा रूप-निर्धन प्रतीत होती हैं।
4. कवि केवल छायानुकृतियों का निर्माता, एवं बाह्यगोचर रूप का ज्ञाता होता है, अतः उसका कवि-कर्म, क्रीड़ा मात्र है।
5. विषय के तात्विक रूप की अज्ञता का तात्पर्य तादात्म्य का अभाव नहीं, सत्य से अनभिज्ञता है।

कला, काव्य और अनुकरण

प्लेटो ने काव्य व चित्रकला आदि ललित कलाओं को भवन-निर्माण व बढ़ईगीरी जैसी उपयोगी कलाओं से भिन्न दृष्टि से देखा है। वे (जैसा पहले भी स्पष्ट किया जा चुका है) कला के तीन रूप मानते थे। पदार्थ के (1) उपयोग की कला (2) निर्माण की कला एवं (3) प्रतिरूपण की कला। उदाहरण देकर बात स्पष्ट करें :

वंशी-वादन एक कला है। काष्ठ या वेणु वह मूल पदार्थ या वस्तु है जिससे इस कला का सम्बन्ध है। जब प्लेटो उपर्युक्त कलाकार—त्रिकोण की बात करते हैं, तो उसका उपभोक्ता कलाकार—स्वयं वंशीवादक है, निर्माता कलाकार—काष्ठ को वंशी के रूप में रूपायित करने वाला कलाकार है और प्रतिरूपक कलाकार—वंशी-वादन का काव्य में वर्णन करने वाला कवि। यही बात युद्ध जैसे समर्थ प्रसंग में भी सिद्ध है—योद्धा, अस्त्र-निर्माता, और वर्णनकर्ता कवि।

प्लेटो के विवेचन से स्पष्ट है कि वे केवल उन कलाओं की बात कर रहे हैं जिनमें प्रतिरूपण प्रधान है। यूँ विषय के तात्विक ज्ञान का पूर्णतः निषेध इस त्रिकोण में से कहीं भी नहीं किया जा सकता। किसी वस्तु के उपयोग से पूर्णतः अनभिज्ञ कलाकार उसके निर्माण में भी सफल नहीं हो सकता। इसी कारण एक ही वस्तु की भिन्न-भिन्न व्यक्तियों द्वारा निर्मिति में गुणात्मक अंतर होता है। इसी प्रकार उसका प्रतिरूपक कवि उसके तात्विक रूप के जितना निकट होगा, जितना तदानुभूति में सक्षम होगा, उतना ही वर्णन-कुशल होगा। निष्कर्ष रूप में, वस्तु के तात्विक ज्ञान का भेद इन तीनों कलाकारों में बलाबल का ही है। परन्तु प्लेटो के इस मत को बहुत दूर तक ग्रहण नहीं किया जा सकता। प्लेटो के अनुसार

सम्भवतः इन तीनों में प्रसंग-भेद से कहीं निर्माता और कहीं उपयोगकर्ता वस्तुगत सत्य के अधिक निकट है। यद्यपि प्लेटो ने ऐसा कहा नहीं, परन्तु यह स्पष्ट है कि निर्माण के उपरान्त वस्तु-तत्त्व के उपयोग के लिए उपभोक्ता के आत्मतत्त्व का संश्लेष जहाँ शेष रह जाए वहाँ उपयोगकर्ता सत्य के अधिक निकट होता है—उदाहरणार्थ वंशी-वादन में। और जहाँ वस्तु की निर्मिति में ही उसकी उपयोगिता की चरम परिणति, या निष्पन्नता सिद्ध हो जाए, उपयोग औपचारिकता मात्र हो और उपयोगकर्ता से वस्तु के उपयोग में कोई अन्तर न पड़े वहाँ निर्माता ही सत्य के अधिक निकट माना जाएगा, उदाहरण के लिए—बढ़ईगीरी में। कवि इन दोनों ही स्थितियों से दूर है—क्योंकि उसे अनुकर्ता मानकर, उसके लिए सत्य के अभिज्ञान का निषेध कर, प्लेटो ने उसके महत्त्व की क्षति की, और काव्य में आत्म-तत्त्व का भ्रान्तिपूर्ण निषेध किया।

इस सम्बन्ध में कुछ प्रश्न उठते हैं। काव्य को वे सत्य के अनुकरण का अनुकरण मानते हैं। क्या काव्य का विषय सत्य का अनुकरण है? भौतिक पदार्थ का निर्माता उसके तत्त्व से अवगत है। यही मूल विचार तात्विक ज्ञान एवं सत्य है। अतः प्रश्न उठता है कि (1) उसका कृतित्व सत्य का अनुकरण है या अभिव्यक्ति, वह अमूर्त विचार का अनुकरण करता है या मूर्तीकरण? क्या अरूप को रूप देना, निराकार को रूपायित करना—अनुकरण है? यदि नहीं, तो काव्य भी अनुकरण का अनुकरण नहीं रह जाता। (2) यदि चित्रकार या कवि, जिस पदार्थ, या विषय का वर्णन अथवा अंकन कर रहा है, उसका तात्विक ज्ञाता है, उस कला में सिद्धहस्त है तो भी वह स्थूल साधनों के अभाव में उसे रूपायित कैसे करेगा? (3) सबसे महत्त्वपूर्ण प्रश्न यह है कि अपने वर्ण्य का तात्विक ज्ञान क्या अनुकरण के लिए भी अनिवार्य नहीं है? कम से कम विषय का सैद्धान्तिक ज्ञान, कल्पनात्मक-अनुभूतिजन्य ज्ञान, सांग वर्णन के लिए निश्चित रूप से अपेक्षित होता है। रथ-यात्रा का वर्णन करने के लिए सारथ्य-कर्म कवि के लिए आवश्यक न हो परन्तु इतना वह अवश्य जानेगा कि रथ चलाया कैसे जाता है। प्लेटो जैसे मनीषी विद्वान ने इस भ्रान्ति को जन्म दिया—इसका कारण ऐतिहासिक अधिक था। उसके समय में कवि की ओर से भी यह प्रवाद प्रचलित था कि वह तकनीकी और नैतिक ज्ञान-सम्पन्न होता है और इसका अपनी रचनाओं के माध्यम से पुनःसृजन करता है। इतना ही नहीं होमर की कृतियों को बहुधा यूनानियों का बाइबिल कहा जाता था।

प्लेटो ने पूर्व-प्रचलित इस अतिवादी दावे का उत्तर उसी पैंतरे से दूसरे अतिवाद से दिया। उनके इस मत का भारतीय चिन्तकों के मत से ही विरोध नहीं है (जिसका स्पष्टीकरण आगे किया जाएगा) स्वयं उनके शिष्य अरस्तू ने और उनके व्याख्याता विद्वानों ने उनकी इस धारणा का विरोध किया है। व्याख्याता

विद्वान कॉर्नफर्ड ने स्पष्ट कहा "इस अध्याय का विषय सौन्दर्य-शास्त्र-विषयक चिन्तन नहीं, बल्कि कवियों को नैतिक शिक्षक मानने का अतिशायी दावा है। इससे यह प्रभाव पड़ना सहज है कि प्लेटो किसी समसामयिक विवाद से क्रुद्ध हो गए थे, अतः उन्होंने इस विरोधी भाषण में किंचित् ईर्ष्याजन्य सुखानुभूति करते हुए अपनी बात को आवश्यकता से अधिक बल देकर प्रस्तुत किया है।"[21]

यह बात सत्य ही है कि काव्य न तो तकनीकी शिक्षा का साधन हो सकता है न आचार-शास्त्र व नीति-संहिता का। न यह काव्य का उद्देश्य होता है, न होना चाहिए। अधिक से अधिक नीति-शास्त्र का दखल काव्य में इतनी ही दूर तक स्वीकार किया जा सकता है कि उसमें जो कुछ रचा जाता है उसका नैतिक दृष्टि से नियमन अभीष्ट है। नीति विरोधी साहित्य एक ओर लोकमंगल का साधक नहीं होता, दूसरी ओर प्रायः परम्परा और संस्कार-विरोध के कारण आनन्दानुभूति में भी बाधक हो जाता है, परन्तु यह भी निश्चित है कि वह नीति-शास्त्र या आचार-संहिता का पर्याय नहीं। नीति-निष्ठा उसकी आनुषंगिक आवश्यकता है, प्रमुख नहीं।

इसी प्रकार तकनीकी विषयों का वर्णन देखकर न यह दावा किया जा सकता है और न ऐसा समझना ही चाहिए कि काव्य तकनीकी शिक्षा का माध्यम है और कवि उन सभी कलाओं या विषयों का ज्ञाता व उनमें सिद्ध है। यद्यपि यह असम्भव नहीं है, क्योंकि, यदि ऐसा हो भी, तो स्थूल साधनों के अभाव में वह उस ज्ञान की व्यावहारिक अभिव्यक्ति चाहकर भी नहीं कर सकता। फिर भी प्रश्न दूसरा है—ज्ञान रहते भी क्या अन्य कलाओं और तकनीक की शिक्षा काव्य के माध्यम से अभीष्ट है? वस्तुतः कवि तो ऐसे प्रसंगों को बचाएगा जिनसे यह भ्रम उत्पन्न होने लगे कि वह तकनीकी शिक्षा दे रहा है या उसमें सिद्धहस्त है। यदि ऐसा होने लगे तो विज्ञान, शास्त्र और काव्य में अन्तर ही क्या रह जाएगा। परन्तु यह भ्रमपूर्ण दावा प्लेटो के समय में प्रचलित था जो इस प्रसंग से सम्बद्ध एक प्रकार का अतिवाद ही कहा जाएगा।[22]

प्लेटो ने इस धारणा का निषेध ठीक इसके विपरीत दूसरे अतिवाद से कर डाला। यह तो सही है कि किसी भी घटना, विषय, कला आदि का वर्णन करने के लिए उसका व्यावहारिक अनुभव या उसमें पारंगत होना अनिवार्य नहीं। ज्यादा से ज्यादा इस सम्भाव्यता की कल्पना ही की जा सकती है, अनिवार्यता का आग्रह नहीं। परन्तु मानव-प्रकृति की मूल वासनाओं, संस्कार, अनुभव-ज्ञान और उर्वर कल्पना के आधार पर कवि के लिए अपने विषय का भाव-कल्पनात्मक ज्ञान प्राप्त करना अनिवार्य तो है ही, जो उसके लिए दुष्कर भी नहीं है। यदि ऐसा नहीं, तो उसके वर्णनों में पाठक को आश्वस्त करने की विशेषता आ ही नहीं पाएगी। वह स्वयं योद्धा न होने पर भी युद्ध के रोमांचकारी दृश्य-वर्णन करने में समर्थ होता है। क्यों? कल्पना-प्रेरित भाव-तादात्म्य के आधार पर। जितनी जिस कवि की कल्पना

उर्वर होगी, जितनी उसकी संवेदना समृद्ध और उदार होगी उतना ही उसका वर्णन सजीव एवं आह्लादकारी होगा। इस सिद्धि की शर्त उर्वर कल्पना, अनुभूति की सघनता और व्यापकता एवं वर्णन-क्षमता होंगी, वर्ण्य का व्यावहारिक अनुभव या वास्तविक ज्ञान नहीं। इस सम्बन्ध में प्लेटो की मान्यता आंशिक रूप से ही मान्य हो सकती है।

अपनी स्थापना को पुष्ट करने के लिए प्लेटो ने एक और व्यावहारिक या व्यावसायिक परन्तु स्थूल तर्क प्रस्तुत किया। उन्होंने कहा : "अच्छा तब, यदि कोई व्यक्ति उन कार्यों को, जिन्हें वह प्रतिदर्शित या प्रतिबिम्बित करता है वास्तविक रूप में करने में समर्थ हो, तो क्या तुम विश्वास करते हो कि वह अपना जीवन प्रतिबिम्ब-निर्माण में बिता कर उसे ही जीवन का लक्ष्य मानकर सन्तुष्ट हो जाएगा? मैं तो कल्पना करता हूँ कि यदि वह उन क्रिया-व्यापारों का जिन्हें वह प्रस्तुत करता है, सच्चा ज्ञाता होगा, तो वह शीघ्र ही उन्हें कार्यान्वित करने में संलग्न हो जाएगा। वह स्मारक रूप में अपने उत्तम कृत्यों को छोड़ने का प्रयास करेगा, और वह नायक का गुणानुवाद करने वाले कवि की अपेक्षा कविवाणी द्वारा अभिनन्दित नायक बनने के लिए अधिक उत्सुक होगा।"[23]

प्रत्यक्ष को प्रमाण घोषित करते हुए आचार्य ने एक प्रश्न उठाया—कि तकनीकी कौशल से सम्बद्ध विषयों को छोड़कर भी यदि वैद्यादि की वार्ता एवं उपचार-प्रसंग का वर्णन करने वाले कवि को स्वयं औषधज्ञान होता, तो प्राचीन अथवा आधुनिक कवियों में किसी भी कवि के रोगोपचार करने अथवा तत्सम्बन्धी ज्ञान-वितरण करने का उल्लेख क्यों नहीं मिलता।[24]

यही प्रमाण उन्होंने लोक-शिक्षा के बारे में प्रस्तुत किया। उन्होंने कहा—"यदि होमर लोक-शिक्षा एवं लोकोन्नति जैसे कार्यों का मात्र काव्यात्मक-प्रतिरूपण करने के स्थान पर उनमें योग्य बनाने वाली विद्या का ज्ञाता होता तो क्या वह अपने प्रति आकर्षित शिष्य-समुदाय से प्रेम और समादर नहीं प्राप्त करता?"[25]

स्थूल रूप से ग्रहण करने पर यह तर्क प्रतीति-भ्रम उत्पन्न कर सकता है, परन्तु स्वयं प्लेटो की अन्यत्र व्यक्त मान्यताओं के सहारे, उन्हीं के शब्दों में इसका प्रतितर्क उपस्थित करना असम्भव नहीं। इस प्रश्न का उत्तर काव्य-हेतु सम्बन्धी पूर्व और पश्चिम के आचार्यों द्वारा प्रस्तुत विवेचन में निहित है। काव्य-हेतु सम्बन्धी अध्ययन से यह सहज ज्ञात हो सकता है कि अपने विषय के व्यावहारिक एवं तात्विक ज्ञान से अपरिचित कवि उसके वर्णन में कैसे समर्थ एवं सफल होता है?

इस प्रसंग में एक बात विशेष महत्त्वपूर्ण है—आचार्य प्लेटो, और बाद में उनके शिष्य अरस्तू की काव्य-परिभाषा को लेकर जो विवाद प्रचलित हुआ उसका एक महत्त्वपूर्ण कारण यह भी था कि मूल ग्रीक शब्द 'मीमेसिस' का—जिसका प्रयोग

यवनाचार्यों ने उक्त प्रसंग में किया, समानार्थी शब्द अंग्रेजी भाषा में न था। जैसा बाद में प्लेटो के व्याख्याताओं ने भी स्पष्ट किया—'मीमेसिस' में गर्भित अर्थ नाटकान्तर्गत पररूप धारण[1] से अधिक व्यापक है। अंग्रेजी भाषा में इसका सबसे निकट शब्दानुवाद—प्रतिदर्शन[2] ही हो सकता है, जिसका प्रयोग ललित कला के अनेक रूपों के लिए किया जाता है। प्लेटो के प्रसिद्ध व्याख्याकार कॉर्नफर्ड ने स्पष्ट कहा कि 'मीमेसिस' का सामान्य-प्रचलित रूपान्तर इमीटेशन या अनुकरण भ्रामक है।[26] परन्तु साथ ही उन्होंने यह भी स्पष्ट कर दिया कि अनुकरण का भाव भी 'मीमेसिस' में अन्तर्भूत है। अर्थात् 'मीमेसिस' का अर्थ मात्र अनुकरण नहीं, उससे कुछ अधिक है, परन्तु सामान्य रूप से अनुकरण का भाव उसमें समाहित अवश्य है। उसका अर्थ अनुकरण ही नहीं, अनुकरण भी है। इसी कारण सामान्यतः इस प्रस्ताव को बल मिलता है कि त्रासदीय अभिनय, अनुकरण के समानान्तर कला है, और ललित कलाएँ अपने सामान्य रूप में बाह्यगोचर रूपों का अनुकरण ही हैं।[27]

यह व्याख्या बहुत दूर तक प्लेटो के अनुकरण-सिद्धान्त की रक्षा नहीं कर पाती। यद्यपि यह सत्य है कि 'मीमेसिस' का अर्थ अनुकरण से व्यापक है, फिर भी सर्वथा भिन्न नहीं। प्लेटो ने जिस रूप में कविकर्म का तिरस्कार करने के लिए इस शब्द का प्रयोग किया है उससे यह भी प्रतीत नहीं होता कि उनकी धारणा काव्य को कुछ गौरवान्वित करने की थी। उनके द्वारा तिरस्कृत कवि का उद्धार करने के लिए जब अरस्तू कटिबद्ध हुए तो उन्होंने इस शब्द में व्यापक अर्थ भरा। इसे पुनःसृजन का, नव-निर्माण का पर्याय बना दिया, वह निश्चय ही प्लेटो का अभिप्रेत नहीं था। जहाँ एक ओर अरस्तू कला को बाह्य एवं अन्तरंग प्रकृति का अनुकरण मानते थे, वहाँ प्लेटो कला-सृजन के निमित्त उसके विषय का सम्पूर्ण बाह्यान्तर ज्ञान भी आवश्यक नहीं समझते थे। उन्होंने एकाधिक स्थलों पर स्पष्ट उल्लेख किया है कि जिन घटनाओं व कार्य-व्यापारों का वर्णन काव्य में किया जाता है उनका आन्तरिक ज्ञान या उनमें सिद्धहस्तता कवि के लिए अनिवार्य नहीं—जैसे रथों की दौड़ का वर्णन करने के लिए सारथ्य कला में निपुण होना अपेक्षित नहीं।

इस मत को स्वीकार करने में सबसे बड़ी बाधा यही है कि जहाँ काव्य का विषय वस्तुरूप घटनाएँ हैं वहाँ तो उनके दृश्य रूप का निरीक्षण पर्याप्त हो भी सकता है परन्तु जहाँ काव्य का वर्ण्य मानव-मन की रम्याद्भुत प्रतीतियाँ व संवेदनाएँ हैं वहाँ अपने अन्तः में पात्र की मनःस्थिति की कल्पना जगाकर उससे

1. इमपर्सनेशन
2. रिप्रेजेंटेशन

भावतादात्म्य किए बिना काम कैसे चलेगा? ऐसे विषयों के अंकन के लिए मन के गह्वरों में अन्तःप्रवेशी दृष्टि, उर्वर-कल्पना और भाव-समृद्धि सभी कुछ अपेक्षित है। यह केवल नक्काल-दृष्टि से सिद्ध नहीं हो सकता।

आचार्य प्लेटो ने कवि को इस अर्थ में निर्माता तो स्वीकार ही नहीं किया कि वह अपने विषय का पुनःसृजन, पुनर्निर्माण करता है। अधिक से अधिक वे उसकी उपलब्धि इतनी ही मानते थे कि वह यथार्थ का प्रत्यंकन कर देता है। 'मीमेसिस' शब्द के अर्थ में भी सृजन या पुनर्निर्माण का अन्तर्भाव नहीं किया जा सकता।

प्लेटो ने गणतन्त्र में 'मीमेसिस' शब्द का प्रयोग दो अर्थों में किया है—(1) सामान्य और व्यापक अर्थ में (2) विशिष्ट एवं संकुचित अर्थ में। सामान्य और व्यापक अर्थ में हम इस शब्द की चर्चा कर चुके हैं जिसमें कवियों पर सत्य के अनुकरण के अनुकरण का और देवताओं की झूठी प्रतिकृतियाँ बनाने का दोषारोपण किया गया। इस अर्थ में प्लेटो, इस शब्द का प्रयोग केवल इस विचार से करते हैं कि कवि विषय का प्रतिरूपण करता है, तथा शब्दों का उसके लिए वही उपयोग है जो चित्रकार के लिए रंगों का। उनके मन में यह भावना बिल्कुल नहीं थी कि कवि या चित्रकार पुनःसृजन या पुनर्निर्माण करता है। इस व्यापक अर्थ में यूनान में इस शब्द का प्रयोग अति प्रचलित था। काव्य में इसका प्रवेश कवि को अन्य कलाकारों का समानधर्मा घोषित करने के लिए कराया गया।

शब्द का विशिष्ट अर्थ में प्रयोग प्लेटो ने साहित्य के प्रकार-निरूपण के लिए किया। यद्यपि साहित्य अपने समग्र एवं व्यापक रूप में अनुकरणात्मक होता है, फिर भी विविध विधाओं में अनुकरण-पद्धति और अनुपात का अन्तर होता है। कवि समाख्यान, अर्थात् साधारण ढंग से कथा-वर्णन करता है, अनुकरण करता है या फिर दोनों पद्धतियों का प्रयोग करता है। यहाँ अनुकरण से प्लेटो का अभिप्राय पररूपधारण से है—कवि वर्णित पात्र की स्थिति में अपने को यथाशक्ति रखता जाता है। नाटक वह विधा है जिसमें इस प्रकार का अनुकरण आद्यन्त किया जाता है—यही पररूपधारण, अनुकरण का विशिष्ट प्रयोग है। परन्तु दोनों ही अर्थों में इस शब्द का सृजन या निर्माण से कोई सम्बन्ध नहीं। प्रश्न प्लेटो के सामने यह नहीं है कि अनुकरण की उचित साहित्यिक विधा महाकाव्य है या नाटक अथवा प्रगीत? यह तो आनुषंगिक या गौण प्रश्न है। उनके सामने तो महत्त्व की बात केवल यह है कि मानव-प्रकृति का कौन-सा रूप अनुकरणयोग्य है?

यूरोप में काव्य को अनुकरण मानने की भ्रान्ति का जन्म कदाचित् इस कारण हुआ कि किसी भी साहित्य के आरम्भिक शास्त्र की भाँति वहाँ भी काव्य-चिन्तन अनुगम विधि से आरम्भ हुआ। जो साहित्य उपलब्ध था उसमें होमर एवं अन्य कृति कवियों की नाट्य-कृतियों व महाकाव्यों का महत्त्वपूर्ण स्थान था। इनमें भी महाकाव्य की अपेक्षा त्रासदी अधिक मान्यताप्राप्त विधा थी, और उसी को काव्य

का सर्वश्रेष्ठ रूप स्वीकार किया जाता था। नाटक अभिनयमूलक कला है, जिसमें अनुकरण का अंश बहुत दूर तक वर्तमान रहता है। नाटक में जिन घटनाओं व कथानक का अभिनय के द्वारा प्रदर्शन किया जाता है, उनका आधार प्रायः वस्तु-जगत में घटित होने वाली यथार्थ, तथ्यपरक ऐतिहासिक घटनाएँ होती हैं। अतः साहित्य के साथ, नाटक के माध्यम से, अनुकरण की भावना का ग्रन्थन हो गया। साहित्य में घटनाओं का अनुकरणात्मक प्रदर्शन हुआ, अतः दृश्यमान जगत की घटनाओं के अनुकरण का माध्यम साहित्य (नाट्य विधाएँ) माना जाने लगा। क्योंकि समसामयिक साहित्य में सर्वाधिक महत्त्व त्रासदी का था अतः साहित्य मात्र को अनुकरण कहने की प्रथा चल पड़ी। कवि—नट के लिए अनुकार्य सामग्री जुटाने का माध्यम था, अतः क्रमशः अनुकरण—जो वास्तव में नट-कर्म था, कवि-कर्म मान लिया गया। यूरोप में काव्य को अनुकरण मानने का सिद्धान्त अनेक शताब्दियों तक प्रचलित रहा। चौदहवीं शताब्दी के प्रसिद्ध इटालियन कवि दाँते ने अपनी प्रसिद्ध रचना 'डिवाइन कामदी' में वर्जिल के मुख से मानवीय कला का वर्णन करते हुए उन्हें ईश्वर का पौत्र कहा है क्योंकि कलाओं में प्रकृति का अनुकरण होता है और प्रकृति ईश्वर-जन्य अतः परम सत्ता की सन्तान है।

भारतीय काव्यशास्त्र में भी नाटक के प्रसंग में अनुकरण शब्द का प्रयोग सर्वत्र किया गया है। आद्याचार्य भरत ही नाटक को 'लोकस्वभाव' या 'लोकवृत्त' का अनुकरण मानते थे। इन शब्दों का उन्होंने अत्यन्त व्यापक अर्थ में प्रयोग किया। स्वभाव मानव की अन्तःप्रकृति, एवं वृत्त बाह्य जगत का बोधक था। इस प्रकार उन्होंने समग्र बाह्यान्तर जीवन का अनुकरण सम्बन्धी विशद विवेचन नाटक के प्रसंग में प्रस्तुत किया। उनका अनुकरण शब्द अभिनय का पर्याय था—जिसके अन्तर्गत क्रिया-व्यापार, वेश-भूषा, वाणी-व्यवहार तथा अनुभावों के माध्यम से स्थायी, संचारी आदि के अभिनय का भी सूक्ष्म नियोजन है। नाट्यशास्त्र में अभिनय सम्बन्धी विस्तृत निर्देश इस बात का प्रमाण है। उनका नट—नक्काल नहीं अभिनेता है। यदि सूक्ष्म दृष्टि से देखा जाय, तो तटस्थ अनुकरण नट के द्वारा भी सम्पन्न नहीं होता। अनुकरण में अनुकार्य विषय का अधिक महत्त्व होता है और करण में कर्ता का। कला-कौशल दोनों में अपेक्षित है, परन्तु भेद बलाबल का है। अनुकर्ता जितनी अधिक अनुकार्य की भ्रान्ति उत्पन्न करने में समर्थ होगा, उतनी ही अधिक उसकी सिद्धि मानी जाएगी। इसके विपरीत, कर्ता जितना अधिक नव-नवोन्मेषशालिनी प्रतिभा से सम्पन्न होगा, विषय का जितना अधिक नव रूप-निर्माण, पुनःसृजन करने में समर्थ होगा उतना ही सिद्ध कलाकार स्वीकार किया जाएगा। अनुकर्ता का दायित्व है—अपने अहं का, आत्म का विलय कर अनुकार्य विषय के साथ पूर्ण तादात्म्य स्थापित कर लेना। वासना और कल्पना के बल पर अनुकार्य से सम्बद्ध भाव-संवेदनों को इस प्रकार जाग्रत करना कि उस पर

अनुकार्य व्यक्तित्व का आरोप सम्भव हो। इसीलिए भारतीय काव्यशास्त्र में नाटक के लिए रूपक शब्द का प्रयोग किया गया क्योंकि उसमें नट आदि पर अनुकार्य पात्रों का आरोप किया जाता है। ठीक इसके विपरीत कर्ता का दायित्व है निजी दृष्टि से विषय का ग्रहण। उसका अहं सर्वथा प्रबुद्ध रहता है और वह अपने विषय का पुनःसृजन, निज संस्कार के आधार पर करता है। कालान्तर में, पश्चिम में तो कवि की अन्तरंग प्रक्रिया को इतना अधिक महत्त्व दिया गया कि क्रोचे ने काव्य-सृजन और सहजानुभूति को अभिन्न स्वीकार कर शेष समग्र प्रपंच को गौण या आनुषंगिक करार दे दिया। इसके अतिरिक्त, प्रगीतादि रम्याद्भुत काव्य-विधाओं में आत्म-तत्त्व की एकमात्र सत्ता नहीं तो महत्ता अवश्य स्वीकार करनी ही होगी। जहाँ अनुकरण का विषय ही आत्मेतर नहीं है वहाँ कवि को अनुकर्ता कैसे माना जाएगा? जहाँ विषय निपट आत्मानुभूति नहीं भी है, वहाँ भी उसका ग्रहण तो अपनी ही दृष्टि से किया जाएगा। अतः आत्म-तत्त्व का पूरी तरह निषेध परस्थ विषयों में भी नहीं किया जा सकता। यदि कवि विषय का—जैसा वह है ठीक वैसा ही अनुकरण करने में समर्थ हो, या वही उसका कर्तव्य हो, तो एक ही विषय का विभिन्न कवियों द्वारा विविध रूपों में अंकन न सम्भव हो, न काम्य। स्पष्ट है—बाह्य या आत्मेतर जगत तो केवल आधार मात्र होता है, केवल विषय-ग्रहण वहाँ से किया जाता है, उसका अंकन तो हर कवि अपनी कारयित्री प्रतिभा के बल पर करता है। अभिव्यक्ति के उपरान्त, काव्य-विषय का पुनर्जन्म, नवनिर्माण होता है। कवि उसे अधिकाधिक नया रूप देने का प्रयास करता है—यही काव्य-रचना में 'करण' है। इसके विपरीत अनुकर्ता, अनुकार्य के मूल रूप की अधिकाधिक रक्षा में, प्रतिकृति में, अपनी वृत्तियों को संलग्न करता है। अनुकरण जितना अनुकार्य के निकट होगा उतना ही सफल माना जाएगा। इस प्रकार अनुकरण में अनुकार्य अधिक महत्त्वपूर्ण है—और वह स्वयं एक कला है। करण में कर्ता की अधिक महत्ता है—उसकी प्रतिभा, शिक्षा, अभ्यास आदि के अभाव में सृजन, निर्माण, सम्भव नहीं हो सकता। पहले के लिए प्रतिभा+कला-कौशल अपेक्षित है, दूसरे के लिए प्रतिभा+ज्ञान+कला-निपुणता। यही नट और कवि में भेद होता है। नट केवल कलाकार होता है, कवि निर्माता कलाकार।

इसी कारण भारतीय काव्यशास्त्र में कवि-कर्म के लिए अनुकरण शब्द का प्रयोग कभी नहीं और नट-कर्म के लिए सर्वदा किया गया। भरत, अभिनवगुप्त, विश्वनाथ, धनंजय आदि सभी आचार्यों ने नट-कर्म तथा रंगमंच के प्रयोग-विज्ञान के लिए ही अनुकरण शब्द का प्रयोग किया है, कवि-कर्म के लिए नहीं। भोज ने तो अपने 'शृंगारप्रकाश' में स्पष्ट उल्लेख किया है कि कवि का स्थान अभिनेताओं की अपेक्षा श्रेष्ठ है। काव्य विद्याओं में भी श्रेष्ठ है, और अभिनय केवल उपविद्या। काव्य, दिव्य प्रतिभाजन्य अलौकिक सिद्धि है (काव्य को दिव्य प्रतिभा-जन्य तो

आचार्य प्लेटो भी मानते थे, पर अलौकिक नहीं) जिससे अनेक गम्भीरतर भौतिक व पारमार्थिक उद्देश्यों की सिद्धि होती है अतः उसके लिए अनुकरण जैसे शब्द का प्रयोग भारतीय आचार्यों ने उचित नहीं समझा।

यद्यपि भारतीय आचार्यों ने काव्य-सृजन का स्तवन—'रमणीयार्थ की प्रतिपादक वाक्य-सृष्टि' जैसे वाक्यांशों से किया किन्तु उन्होंने यह भी स्पष्ट कर दिया कि कवि अविद्यमान की सृष्टि नहीं करता। वह तो विद्यमान के मार्मिक रूप का उद्घाटन पुनःसृजन, नवीकरण, नव-निर्माण करता है। वह एक ओर पदार्थों का स्थूल यथावत् प्रतिरूपण नहीं करता और दूसरी ओर अविद्यमान या अभूत का उत्पादन नहीं करता। वह इसी अर्थ में स्रष्टा है कि विद्यमान के मर्म का प्रकाशन करता है।[1]

आचार्य प्लेटो के उक्त मत की परिसीमाएँ इतनी प्रत्यक्ष थीं कि स्वयं उनके शिष्य अरस्तू ने उनके इस मत का परिशोधन किया। वे अनुकरण शब्द का परित्याग तो नहीं कर सके पर उन्होंने उसमें यथासम्भव कहीं अधिक विस्तृत और विवेकसम्मत अर्थ भर कर काव्य-सृजन-प्रक्रिया की नवीन व्याख्या प्रस्तुत की।

इस प्रश्न का उत्तर भारतीय आचार्यों के काव्य-हेतु-विवेचन में निहित है। आइए प्लेटो और पूर्व के मनीषियों के तत्सम्बन्धी चिन्तन में इसके उत्तर का अन्वेषण करें।

---

1. अरस्तू का काव्यशास्त्र—डा. नगेन्द्र, पृष्ठ 10-23

काव्य-सृजन

काव्य-हेतु

प्लेटो ने काव्य को दैवी शक्ति द्वारा अभिभूत कवि के मनःविक्षेप का परिणाम स्वीकार किया है, अतः वर्ण्य विषय की अभिज्ञता-अनभिज्ञता का उत्तरदायित्व उसका रहता ही नहीं। प्लेटो ने यह भी स्पष्ट कह दिया है कि वह केवल सम्प्रेषण का माध्यम मात्र है, वस्तुतः काव्य दैवी-कृतित्व है जिसका सृजन भी पूर्णतः आविष्ट, परिहत-विवेक की मनःस्थिति में होता है। अतः विषय का ज्ञान कवि का दायित्व भी नहीं रहता। और दैवी शक्तियों को क्या सिद्ध नहीं होता? ऐसी स्थिति में यह कह देना उचित ही है कि कवि दिव्य शक्तियों से पराभूत आत्मविस्मृति के क्षणों में उन्हीं की वाणी के उच्चार का माध्यम मात्र है। आत्मज्ञान के प्रकाशन का प्रश्न ही उसके प्रसंग में नहीं उठता। उससे यह आशा करना या इस सम्भावना को मान्यता देना कि वह सभी वर्ण्य विषयों का भोक्ता या ज्ञाता हो, व्यर्थ ही है। क्या आज के पाठक को यह मान्यता स्वीकार्य होगी? यह एक अन्धविश्वास की दूसरे अन्धविश्वास से, या एक कुतर्क की दूसरे से पुष्टि होगी। स्वयं उनके शिष्य ने अपने काव्यशास्त्र में उनकी पहली मान्यता का ही जम कर विरोध किया। अरस्तू ने काव्य-सृजन को किसी दैवी-प्रेरणा का परिणाम न मानकर मानव-मन की दो प्रवृत्तियों—(1) अनुकरण एवं (2) सामंजस्य, को कवि-कर्म के लिए ज़िम्मेदार ठहराया। ये दोनों प्रवृत्तियाँ मानव के अधीन हैं, जिनका उचित विकास सम्भव है। अरस्तू ने काव्य-हेतुओं में निपुणता और अभ्यास पर अत्यधिक बल दिया। उन्होंने प्रतिभा का महत्त्व भी स्वीकार किया, परन्तु उसे प्लेटो के समय तक प्रचलित धारणा के अनुसार 'दैवी शक्ति की अन्तःस्फूरणा स्वीकार नहीं किया। वे प्रतिभा को नैसर्गिकी, अर्थात् प्रकृत तो मानते हैं परन्तु आध्यात्मिक या दैवी शक्ति के प्रवेश की रहस्य-कल्पना उन्हें मान्य नहीं है।

इस प्रकार अरस्तू के ही मत को आधार बनाकर प्लेटो के तर्कों का उत्तर कुछ

दूर तक दिया जा सकता है। अरस्तू ने प्रतिभा को आत्मा की सहजात प्रवृत्ति या अन्तःप्रेरणा मानकर भी यह स्पष्ट कहा है कि उसी के प्रभाव से 'स्व' की भूमिका से ऊपर उठकर कवि, निबद्ध पात्रों का यथावत् अनुभव करने लगता है। प्लेटो के आरोप का उत्तर यहीं विद्यमान है। इसी आत्मविस्तार से वह आत्मेतर विषयों का अन्तःसाक्षात्कार कर पाता है। इसको अरस्तू प्रतिभा का आन्तरिक एवं मौलिक धर्म मानते हैं। (देखिए अरस्तू का काव्यशास्त्र—डा. नगेन्द्र, पृष्ठ 55-60) परन्तु क्या केवल विशेष का निर्विशेष रूप में ग्रहण ही कवि को सर्ववर्णनक्षम बना देता है? अरस्तू ने प्रतिभा को सर्वोपरि महत्त्व नहीं दिया। काव्य को वे कला, अतः प्रयत्नसाध्य स्वीकार करते थे। उनका अभिप्राय यही था कि नैसर्गिक रूप में प्रतिभा-सम्पन्न कवि निरन्तर अभ्यास और साधना के द्वारा काव्य-सृजन में निपुणता प्राप्त कर लेता है। लोकव्यवहार का ज्ञान सहजात प्रतिभा-प्रसूत स्व-विस्तार की प्रवृत्ति का नहीं, मानव की अनुकरण की प्रवृत्ति का परिणाम है। वह अनुकरण की मूल प्रवृत्ति से प्रेरित होकर अन्य विषयों के पुनर्निर्माण, काव्यालेखन में प्रवृत्त होता है। सहजात प्रतिभा स्व से ऊपर उठकर पर, आत्मेतर काव्य-विषय को हृदयंगम करने की सामर्थ्य उसे प्रदान करती है। वह अपने विषय से पूर्ण तादात्म्य स्थापित कर लेता है और फिर कला-कौशल, अभ्यासजन्य निपुणता उसके पुनःसृजन में साधक होती है।

भारतीय मनीषियों की दृष्टि इस सम्बन्ध में और भी स्पष्ट है। उन्होंने काव्य-हेतुओं का वर्णन करते हुए इस प्रश्न का समाधान प्रस्तुत किया है। अधिकांश आचार्यों ने प्रतिभा को प्राथमिक महत्त्व दिया। कहीं लोकव्यवहार को पृथक् रूप में काव्य-हेतुओं में गिन लिया गया है, कहीं निपुणता के अन्तर्गत उसका समाहार कर लिया है।

दण्डी ने काव्य-हेतुओं का विवेचन करते हुए कहा : 'नैसर्गिकी प्रतिभा, श्रुतञ्च बहुनिर्मलम्।'—निसर्गजात प्रतिभा एवं निर्भ्रान्त लोक-शास्त्र-ज्ञान। अन्य आचार्यों में से अधिकांश ने लोकव्यवहार-ज्ञान और शास्त्र-ज्ञान के समवेत् प्रभाव से सिद्ध निपुणता को कवि-कर्म का सहायक हेतु माना है। वामन ने भी दण्डी के समान लोकव्यवहार-ज्ञान को काव्य का पृथक् हेतु स्वीकार किया है। काव्य के दूसरे हेतु, 'विद्या' के अन्तर्गत उन्होंने विविध विषयक ज्ञान का समावेश किया—जिससे कवि के बहुविज्ञ होने की अनिवार्यता स्वतःसिद्ध है। बल्कि प्रतिभा को उन्होंने 'लोक' और 'विद्या' की अपेक्षा निम्नतर स्थान दिया है। अन्य आचार्यों ने जहाँ इन दोनों का समन्वित ज्ञान नैपुण्य के अन्तर्गत मानकर उन्हें प्रतिभा द्वारा अनुशासित स्वीकार किया था वहाँ वामन ने इन्हें स्वतंत्र महत्त्व ही नहीं, प्रतिभा से उच्चतर स्थान भी दिया। उनकी इस मान्यता का औचित्य-परीक्षण प्रासंगिक नहीं। भारतीय आचार्यों ने जहाँ प्रतिभा पर प्रचुर बल दिया है वहाँ उसका स्वरूप स्पष्ट

करते हुए प्रतिभावान कवि की रचना-सामर्थ्य को विलक्षण मान लिया है :

प्रतिभा अपूर्ववस्तुनिर्माणक्षमा प्रज्ञा —अभिनवगुप्त

क्षणं स्वरूपस्पर्शोत्था प्रज्ञैव प्रतिभा कवेः —महिमभट्ट

प्रज्ञा नवनवोन्मेषशालिनी प्रतिभामत्ता। —भट्टतौत

—आदि उक्तियों से स्पष्ट है कि जिस कवि की प्रतिभा अपूर्व-वस्तु-निर्माण-क्षमा है, पदार्थ के सच्चे स्वरूप का स्पर्श करती हुई सहसा उद्‌बुद्ध हो जाती है, तथा नित्य नवरूप-उन्मेष-शालिनी है वह अपने वर्ण्य की ज्ञान-प्राप्ति एवं वर्णन-क्षमता कैसे प्राप्त करता है। काव्य-सृजन की इस विलक्षणता, अपूर्व-निर्माण-क्षमता आदि के अविश्वासी यवनाचार्य अरस्तू ने भी इतना तो स्वीकार किया ही है कि काव्य-वस्तु से तादात्म्य, उसका अभिज्ञान, अर्थात् विषय के साक्षात्कार के लिए अन्तःप्रवेशी दृष्टि प्रतिभा से ही निष्पन्न होती है। आधुनिक आलोचना-शास्त्र की शब्दावली में इसकी सिद्धि सर्जनात्मक कल्पना द्वारा होती है।

पश्चिम और भारत की दृष्टि में मूल भेद काव्य को क्रमशः कला और विद्या मानने का ही है। प्लेटो की भाँति भारतीय आचार्य ने कवि कर्म को केवल क्रीड़ा, 'प्ले' या 'स्पोर्ट' कभी नहीं माना। विद्या-ज्ञान एवं दान के लिए स्वभावतः लोक-व्यवहार ज्ञान, शास्त्र-निपुणता आदि की अनिवार्यता स्वतःसिद्ध है। इसके विपरीत कवि-कर्म को सर्वथा अगम्भीर, क्रीड़ा-मात्र स्वीकार करने वाले आचार्य के लिए अनुकर्ता कवि से किसी प्रकार के उदात्त प्रयास एवं गम्भीर ज्ञान व मौलिक पुनर्निर्माण की अपेक्षा ही व्यर्थ थी।

काव्य-सृजन-प्रक्रिया

यवन आचार्य प्लेटो कवि-द्वारा काव्य-रचना, चारणों द्वारा काव्य-गायन एवं प्रेक्षक द्वारा काव्य-श्रवण—अलौकिक, आध्यात्मिक प्रेरणा का परिणाम मानते हैं। उनके अनुसार काव्य-देवियाँ(म्यूज़ेज़) सर्वप्रथम प्रणेता को काव्य-सृजन के लिए प्रेरित करती हैं और क्रमशः प्रणेता से श्रोता तक प्रेरणा-ग्रहण की एक शृंखला बन जाती है। इस प्रक्रिया की तुलना, यवन आचार्य ने उस चुम्बक पत्थर से की है जो स्वयं ही लौह-कड़ियों को आकर्षित नहीं करता, वरन् उन्हें अन्य कड़ियों को आकर्षित करने की शक्ति भी प्रदान करता है, और इस प्रकार रचयिता से श्रोता एवं प्रमाता तक काव्य-रसज्ञ एक ऐसी शृंखला में बँध जाते हैं कि वे पूर्णतः दैवी प्रेरणा से अभिभूत तथा उसके वशीभूत होकर काव्य का सृजन, गायन, एवं श्रवण करते हैं। इस शृंखला की सभी कड़ियों तक प्रसारित प्रेरणा का मूल स्रोत एक एवं दैविक होता है।[28]

काव्य-सृजन के सम्बन्ध में प्लेटो की दूसरी महत्त्वपूर्ण मान्यता है कि सभी समर्थ कवि चाहे वे महाकाव्य जैसे बृहद् ग्रन्थों के प्रणेता हों अथवा प्रगीत जैसी

रम्य एवं सुललित रचनाओं के, काव्य-रचना किसी कलात्मक प्रेरणा द्वारा नहीं, बल्कि दैवी शक्तियों से प्रेरित एवं अभिभूत होकर करते हैं। काव्य-सृजन के क्षणों में काव्य-देवियों द्वारा पूर्णतः अधिकृत कवि की अंतश्चेतना के सिद्धान्त पर यवनाचार्य ने बारम्बार निर्भ्रान्त शब्दों में बल देते हुए कला के विरोध में नकारात्मक तर्क प्रस्तुत किया। कवि में सृजन-सामर्थ्य कलात्मक सिद्धि के रूप में नहीं, बल्कि अलौकिक शक्ति के रूप में प्रादुर्भूत होती है। इसका प्रमाण है कि यदि वह किन्हीं कलात्मक नियमों के आश्रित, काव्य-सृजन में प्रवृत्त होता, तो वह सभी विषयों पर काव्य-रचना में निष्णात होता, परन्तु वस्तुतः ऐसा होता नहीं।[29]

इस तर्क को कुछ और आगे बढ़ाते हुए प्लेटो ने स्पष्ट शब्दों में स्थापना की—कि कवि जब तक पूर्णतः प्रेरित, तथा आविष्ट होकर विक्षिप्त एवं बोधशून्य नहीं हो जाता, वह मौलिक सृजन में समर्थ नहीं होता। कोई भी कवि जब तक बोध रूपी मनःशक्ति को धारण करता है, काव्य के देववाणी तुल्य उपहार का अधिकारी नहीं होता।[30]

इस सम्बन्ध में एक बात का स्पष्टीकरण अपेक्षित होगा। जिस विक्षिप्तावस्था या बोधहीनता की चर्चा की गई, उसे प्लेटो किसी प्रकार की मनोग्रन्थि, या मानसिक विकृति का दुष्परिणाम नहीं, बल्कि अलौकिक शक्तियों से अभिभूत मानव की सहज आत्मविस्मृति का सुपरिणाम मानते हैं। यानी प्लेटो काव्य का सृजन ऐसी मनःस्थिति में स्वीकार करते हैं जब कवि का सहज मानव-सुलभ विवेक—प्रबुद्ध न रहकर किन्हीं दैवी शक्तियों से बाध्य हो जाता है, और वह एक आरोपित व्यक्तित्व धारण कर लेता है।[31]

प्लेटो के मतानुसार कवि इस परिहृत आत्म की स्थिति में केवल एक यन्त्र, माध्यम मात्र रह जाता है और ईश्वर उसके विवेक का अपहरण करके उसका उपयोग सिद्ध पुरुषों एवं धर्मोपदेशकों की भाँति अपने दूत के रूप में करता है, जिससे श्रोता को यह ज्ञात रहे कि विवेक शून्य मनःस्थिति में उच्चरित अमूल्य वाणी के वक्ता वे स्वयं नहीं होते बलिक उसके माध्यम से ईश्वर स्वयं भाषणकर्ता होता है। इसी प्रकार समस्त सुन्दरतम कविता का आविष्कार मूलतः काव्य-देवियों द्वारा होता है। ये सुन्दर रचनाएँ दैवी कृतित्व होती हैं, मानव-कृत नहीं और कवि इस अलौकिक शक्ति द्वारा अधिकृत उसका भाषान्तरकार (इंटरप्रेटर) मात्र होता है।[32]

इस अलौकिक शक्ति का प्रभाव प्लेटो ने केवल कवि पर ही नहीं वरन् काव्य के गायक चारण-वृन्द और श्रोता-वृन्द पर भी समान रूप से स्वीकार किया है। यवन आचार्य ने सुकरात और 'इओन' के बीच संवाद में सुकरात की ओर से प्रश्न उठाया :

"मेरी इच्छा है इओन कि जो प्रश्न मैं तुमसे करूँगा तुम उसका स्पष्ट उत्तर

दो। जब तुम अपने श्रोताओं पर किसी चित्ताकर्षक काव्यांश का पाठ करते हुए अभीष्ट प्रभाव डालते हो जैसे...तब क्या तुम अपनी सजग मनःस्थिति में रहते हो? क्या तुम्हारा व्यक्तित्व उद्वेलित नहीं हो उठता, और हर्षोन्माद की इस स्थिति में तुम्हारी आत्मा उन पात्रों और स्थानों के बीच विचरण नहीं करने लगती, जित्तका तुम वर्णन करते हो चाहे वह इथाका हो अथवा ट्राय हो अथवा कविता में वर्णित कोई भी अन्य दृश्य हो?"[33]

और इस प्रश्न के उत्तर में इओन ने स्पष्टतः स्वीकार किया है कि कारुणिक कथाओं का वर्णन करते हुए वस्तुतः उनके नेत्र वाष्पाच्छादित हो जाते हैं, और जब वे भयंकर प्रसंगों का वर्णन करते हैं भय से शरीर कण्टकित हो जाता है और हृदय-गति तीव्र हो जाती है।[34]

सुकरात की ओर से पुनः प्रश्न उठाया गया—

"क्या तुम इस तथ्य से अभिज्ञ हो कि तुम अधिकांश प्रेक्षकों को भी समान रूप से प्रभावित करते हो?"

और उत्तर मिला—

"हाँ भलीभाँति, क्योंकि बोलते समय जब मैं मंच से उन पर दृष्टि डालता हूँ, तो उनके मुख पर करुणा, विस्मय, कठोरता इत्यादि विभिन्न भावनाएँ अंकित देखता हूँ।"

सुकरात ने इस तर्क से सिद्ध किया कि प्रमाता, काव्याधिकारी शृंखला की अन्तिम कड़ी है, और कवि आरम्भिक तथा चारण एवं अभिनेता इनमें सम्बन्ध स्थापित करने वाली मध्यवर्ती कड़ियाँ हैं। परन्तु इन सबके मूल में एक ऐसी अलौकिक शक्ति निश्चित रूप से विद्यमान रहती है जिससे स्वयं कवि अधिकृत एवं शासित रहता है। इस प्रकार यह दैवी शक्ति अपनी मनोनुकूल दिशा में मानवात्माओं को प्रवृत्त करती हुई अपनी इस शक्ति का प्रेषण क्रमशः एक व्यक्ति के माध्यम से दूसरे तक करती है। और इस प्रकार इस शक्ति से अभिभूत एवं सम्प्रेषण से समर्थ काव्याधिकारियों का एक वृत्त अथवा शृंखला बन जाती है। उपर्युक्त विवेचन से काव्य-सृजन, एवं काव्यास्वाद से सम्बद्ध यवनाचार्य की मान्यताएँ स्पष्ट होती हैं, जो निष्कर्ष रूप में इस प्रकार हैं :

(क) काव्य-सृजन

1. काव्य-सृजन, संप्रेषण एवं ग्रहण तीनों दैवी-प्रेरणा का परिणाम हैं।

2. कवि काव्य का कर्ता नहीं, संप्रेषण का माध्यम मात्र है। काव्य मूलतः ईश्वरीय कृतित्व है मानव-कृत नहीं। कवि के माध्यम से वह केवल उसे प्रेष्य बनाता है।

3. यह प्रेरणा एक व्यक्ति से दूसरे तक स्वतः चुम्बक की आकर्षण शक्ति

की भाँति सम्प्रेरित होती है और इस समस्त क्रियाव्यापार के मूल में एक आध्यात्मिक शक्ति कार्यरत रहती है जिसका कोई तर्कसम्मत व्याख्यान सम्भव नहीं है।

4. काव्य-सृजन के लिए किसी प्रकार के सचेष्ट कलात्मक प्रयास की अपेक्षा नहीं होती।

5. काव्य-सृजन के क्षणों में कवि की चेतना दैवी शक्ति से पूर्णतः अभिभूत एवं आविष्ट होती है और उसकी सहज बोध-वृत्ति का विलोप हो जाता है। यह मनःस्थिति एक प्रकार की विक्षिप्तावस्था अथवा विवेकशून्यता की दशा कही जा सकती है।

6. परिहृत विवेक की यह स्थिति किसी प्रकार की मानसिक विकृति की नहीं, आत्म-विस्मृति की स्थिति होती है।

7. कवि केवल इसी अर्थ में काव्य का कर्ता है कि वह इस दृश्यमान सृष्टि में काव्य-प्रसार-शृंखला की पहली कड़ी है जिसका मूल करण दैवी शक्ति द्वारा होता है और कवि द्वारा प्रथम भाषान्तरकरण।

(ख) काव्यास्वाद

1. काव्य का कर्ता, वक्ता अथवा अभिनेता, एवं श्रोता या प्रमाता काव्य के वर्ण्य एवं मूल-भावना से पूर्ण तादात्म्य स्थापित कर लेते हैं। ज़ाहिर है कि काव्य की मूल-भावना एवं वर्ण्य से तदाकरण अहंता के विस्तार और साधारणीकरण की स्थिति में ही सम्भव हो सकता है।

2. तादात्म्य या साधारणीकरण की यह मूल क्रिया कवि में तथा प्रतिक्रिया कृति के माध्यम से अभिनेता एवं प्रमाता में कार्यान्वित होती है।

3. भावतादात्म्य के इस अनुष्ठान में, माध्यम अभिनेता का, और वक्ता चारण का योग कवि के समान ही महत्त्वपूर्ण रहता है।

4. प्रमाता आदि का साधारणीकरण काव्य की मूल अनुभूति के साथ उसके समस्त अवयवों से भी होता है।

विवेचन

उक्त निष्कर्ष के आधार पर विद्वान आचार्य प्लेटो की उद्भावनाओं का परीक्षण किया जा सकता है। काव्यशास्त्र से सम्बद्ध विषयों का यह प्रासंगिक व्याख्यान भी उनके युग, सीमित काव्य-सामग्री, एवं काव्यशास्त्र पर प्रथम मौलिक चिन्तन की दृष्टि से महत्त्वपूर्ण है। इसके अतिरिक्त उनकी दृष्टि दर्शन और नीति से इतनी आच्छन्न थी कि उन्होंने काव्य-विवेचन भी प्रासंगिक रूप में, नीति एवं दर्शनाक्रान्त दृष्टि से किया है। अतः उनकी मान्यताओं को इस पृष्ठभूमि में ही समझना चाहिए।

दैवी प्रेरणा—काव्य-प्रेरणा के मूल में विद्यमान दैवी शक्तियों की स्वीकृति वह मूल सूत्र है, जिससे उनका प्रेरणा-सम्बन्धी समस्त चिन्तन परिचालित हुआ है। आज के तकनीकी युग में इस सिद्धान्त की अमान्यता स्वयं सिद्ध है। मानव-कृत किसी भी कार्य के मूल में तर्कातीत रूप से केवल किसी अन्य सत्ता की स्वीकृति करना, उसमें मानव के अहं और आत्म-तत्त्व का निषेध करना है। मनोविज्ञान की दृष्टि से काव्य-रचना के प्रेरक हेतुओं में से आत्माभिव्यक्ति की आशंसा एक महत्त्वपूर्ण प्रेरणा है। अतः यह स्वीकार करना, कि कवि का आत्म किसी दैवी शक्ति से पूर्णतः पराभूत एवं परिचालित रहता है, काव्य के विषयी तत्त्व का पूर्णतः निषेध है। इसके अतिरिक्त यह बात व्यवहारसिद्ध है कि अनेक काव्य-कृतियों के मूल में कवि के नित्यप्रति जीवन के व्यावहारिक अनुभव, सामाजिक घटनाओं के सन्दर्भ में उसकी संवेदनाएँ एवं परम्परा और संस्कार के द्वारा निर्मित उसका सहज व्यक्तित्व सक्रिय रहता है। अनेक घटनाओं का सद्यः प्रभाव, संवेदनशील कवि को काव्य-रचना में प्रवृत्त करता है। क्रौंच-वध की घटना ने आदि कवि के शोक को श्लोक में रूपान्तरित कर दिया। पत्नी की फटकार से गोस्वामी तुलसीदास का जीवन-प्रवाह राम-भक्ति की दिशा में मुड़ गया। यदि ये कवि केवल प्रारब्ध, नियति या किसी अदृश्य सत्ता के यन्त्र मात्र थे, तो काव्य-रचना में प्रवृत्ति के लिए ऐसी घटनाओं के घटित होने, या उनकी कल्पना करने की क्या आवश्यकता थी। वे किसी समय कैसी भी परिस्थिति में दैव-विरचित काव्य-प्रेषण के माध्यम हो सकते थे।

उत्तर दिया जा सकता है कि अनेक प्राणी ऐसी ही घटनाओं के भोक्ता होते हैं, परन्तु सभी कवि नहीं होते, अतः ऐसे संयोगों के परिणामस्वरूप कारयित्री प्रतिभाओं का उदय उन्हीं भाग्यवान मनीषियों में होता है जिन्हें कोई अज्ञात शक्ति अपने कृतित्व के प्रकाशन के लिए उपयुक्त माध्यम स्वीकार कर लेती है। यह तर्क अन्धविश्वास का तर्क है। यदि कवि माध्यम मात्र है तो उस मूल कर्ता को एक ही विषय से सम्बद्ध कभी-कभी दो सर्वथा विरोधी दृष्टिकोणों की, दो व्यक्तियों के माध्यम से प्रेषण की आवश्यकता क्यों होती है? इसके अलावा, रम्याद्भुत गीति-कला की प्रेरक मानव की नितान्त व्यक्तिगत अनुभूतियों की अभिव्यक्ति को कैसे समझाया जाएगा? इसके अतिरिक्त एक ही परिस्थिति में व्यक्ति-व्यक्ति की प्रतिक्रिया भिन्न होती है। फलतः एक ही मूल भावना से प्रेरित दो व्यक्तियों की अनुभूति, तद्जनित भावात्मक प्रतिक्रिया और उसकी अभिव्यक्ति में प्रायः अन्तर होता है। वस्तुप्रधान बृहद काव्य-रूपों में भी एक ही विषय का ग्रहण एवं प्रत्यंकन विभिन्न कवियों द्वारा भिन्न-भिन्न रूप में किया जाता है। ऐसी स्थिति में यह मानना कि एक मूल ईश्वरीय शक्ति इस समस्त प्रपंच का विस्तार करती है, केवल आस्था का विषय हो सकता है, तर्क एवं विश्लेषण का नहीं।

इन परिसीमाओं के होते हुए भी इस सिद्धान्त के माध्यम से एक अत्यन्त महत्त्वपूर्ण काव्य-हेतु का निर्देश आचार्य प्लेटो ने किया जो भारतीय काव्यशास्त्र की पारिभाषिक शब्दावली में 'नैसर्गिकी प्रतिभा' कहलाता है। परोक्ष रूप से उन्होंने यह स्थापना की, कि दैव-अनुकम्पा के अभाव में कोई कवि, कवि नहीं हो सकता, जो वस्तुतः सत्य ही है; नहीं तो मसि-कागद बिना छुए कबीर की नैसर्गिक प्रतिभा का स्रोत अनेक भावप्रवण रचनाओं में नहीं फूट निकलता, और ऐसे परिवार में, जिसके भृत्य भी देववाणी संस्कृत में वार्त्तालाप करते थे, जन्म लेने वाले केशव समय-समय पर पाठकों की आलोचना के पात्र नहीं होते।

कलात्मक प्रयास की अस्वीकृति–आचार्य प्लेटो द्वारा काव्य-सृजन-प्रक्रिया में किसी प्रकार के कलात्मक प्रयास की अस्वीकृति उनकी पहली मान्यता पर आधृत, अतः अमान्य है। काव्य का कर्ता वे ईश्वर को, और जगत में प्रेषण का माध्यम कवि को मानते हैं, अतएव कवि की ओर से किसी प्रकार के सचेष्ट कलात्मक प्रयास का प्रश्न नहीं उठता। इसलिए और भी, क्योंकि उनके अनुसार उसका विगलित एवं विस्मृत आत्म, देवी शक्ति से पूर्णतः पराभूत रहता है। वास्तव में कलात्मक अभिव्यंजना के समस्त प्रयत्न कलात्मक-प्रक्रिया से प्रेरित होते हैं। प्लेटो के मत के विरोध में दो पुष्ट व्यवहारसिद्ध तर्क दिए जा सकते हैं। (1) यदि काव्य के लिए किसी प्रकार के कलात्मक प्रयास की अपेक्षा नहीं तो सभी भावुक या संवेदनशील व्यक्ति समर्थ कवि क्यों नहीं हो जाते तथा (2) सभी कवि कहे जाने वाले कलाकारों की रचनाओं में विशुद्ध कलात्मक दृष्टि से स्तर-भेद क्यों होता है? उत्तर स्पष्ट है–काव्य-सृजन के लिए विषय का भान ही पर्याप्त नहीं होता, उसके लिए सजग कलात्मक प्रयास की सामर्थ्य अनिवार्य है। कवि की भावयित्री प्रतिभा के साथ कारयित्री प्रतिभा जब तक सक्रिय नहीं होगी, काव्य का सृजन असम्भव है। प्रतिभा, व्युत्पत्ति, एवं अभ्यास से परिपुष्ट कवि की अभिव्यंजना-सामर्थ्य ही समवेत रूप में काव्य-सृजन का निमित्त होती है। इन हेतुओं में जब असंतुलन अथवा किसी एक या अधिक का अभाव होता है, तभी अभिव्यंजना-कौशल बाधित होता है और परिणामतः कृति के कलात्मक मूल्य में अन्तर उत्पन्न होता है। इसी कारण व्यक्ति-व्यक्ति की कृति-कृति में प्रयास की भिन्नता से कलात्मक-स्तर में वैषम्य उत्पन्न होता है। अतः इस सम्बन्ध में मतभेद नहीं हो सकता कि काव्य-सृजन निश्चित रूप से कलात्मक प्रयत्न है।

बोध-वृत्ति का विलोप–आचार्य प्लेटो की तीसरी महत्त्वपूर्ण स्थापना–काव्य-सृजन के क्षणों में कवि की बोध-वृत्ति के विलोप को भी पूरी तरह स्वीकार करना कठिन है। उनके समय में गद्य-साहित्य की वे विधाएँ जिनका आधार प्रधान रूप से तर्क एवं विश्लेषण होता है, प्रचलित नहीं थीं–(हमारा आशय विचारात्मक निबन्ध एवं आलोचना आदि से है) अतः आचार्य प्लेटो की दृष्टि का आधार भावप्रधान

काव्य-रूप—महाकाव्य, प्रगीति, नाटकादि ही रहे होंगे। परन्तु इन काव्य-रूपों के प्रणयन में भी कवि के विवेक का पूर्ण विलोप स्वीकार नहीं किया जा सकता। विषय के औचित्यपूर्ण ग्रहण, उसकी व्यवस्था, अभिव्यंजना के प्रसाधनों के चयन, प्रतिभा के उद्दाम वेग के संयमन और विषय एवं अभिव्यक्ति के बीच संगति बैठाना, काव्य सृजन के प्रत्येक संस्थान में उसका प्रबुद्ध विवेक सहायक होता है। व्यवस्था सदैव विवेकाश्रित होती है और अव्यवस्था जीवन के किसी कर्म में, भले ही वह काव्य या कला हो काम्य नहीं हो सकती।

आचार्य प्लेटो की इस मान्यता में तत्त्व इतना ही है कि कविता एवं नाटकादि विधाओं में कवि का रसग्राही एवं संवेदनशील कलाकार जितना सजग होता है उतना उसके अन्तः का तर्कशील विवेचक सतर्क नहीं होता। काव्य के प्रमुख तत्त्वों—भावना, बुद्धि, कल्पना एवं अभिव्यंजना में से काव्य के वर्ण्य, उद्देश्य एवं विधा के अनुकूल भावना, बुद्धि तथा कल्पना में से एक प्रधान एवं अन्य उसके सहायक होते है। शैली, अभिव्यंजना के सभी प्रयासों में समान रूप से साधक होती है। उदाहरण देकर बात स्पष्ट करें—प्रगीति-रचना करते समय प्रायः कवि का भावप्रवण आत्म, अभिव्यक्ति में प्रवृत्त होता है। कल्पना, भाव-चित्रों का निर्माण करने, शैली के उपकरण जुटाने एवं घटनाओं के भावित रूप को काव्य-रूप देने में उपकारक होती है, और बुद्धि इस अभिव्यक्ति को विवेक-संयत रूप देने में, तथा प्रासंगिक रूप से आत्माभिव्यक्ति के साथ आत्मविश्लेषण के स्थलों में साधक बनती है। दूसरी ओर गम्भीर, विचारप्रधान, विश्लेषणात्मक निबन्धों, प्रबन्धों एवं समालोचनात्मक साहित्य की रचना में विश्लेषक एवं मनीषी के रूप में व्यक्ति का बुद्धि-तत्त्व जागरूक रहता है और संवेदना विवेच्य विषयों के विश्लेषण-पूर्ण भावन में सहायक होती है। किसी भी प्रकार के काव्य-सृजन में कर्ता के विवेकांश का तिरोभाव मान्य नहीं हो सकता। केवल इन विविध तत्त्वों से निर्मित उसकी चेतना के समवेत रूप में, स्थिति-विशेष में, तत्त्व-विशेष के प्रयोगानुपात में अन्तर हो सकता है। विवेकाश्रित रचना उसका उत्तरदायित्व है। परन्तु क्योंकि प्लेटो कवि को काव्य-रचना का निमित्त-कारण न मानकर निमित्त-साधन मानते हैं, अतः उन्होंने उसे इन समस्त उत्तरदायित्वों से मुक्ति दे दी है।

आत्मविस्मरण—काव्य-सृजन के क्षणों में कवि का आत्मविस्मरण भी केवल इसी रूप में होता है कि वह अपने काव्य के वर्ण्य से पूर्ण तादात्म्य स्थापित कर लेता है। परन्तु यह उन्हीं रचनाओं के सम्बन्ध में सत्य है जिनका विषय व्यक्ति के आत्म से भिन्न इतर जगत होता है। इन कृतियों में रचयिता के आत्म की अपेक्षा इदम् प्रधान हो जाता है। यद्यपि ऐसे स्थलों पर भी अहं के सर्वथा विगलन या अभाव का तो प्रश्न नहीं उठता क्योंकि वस्तुओं का वर्णन आत्मानुभूति के आधार पर ही किया जाता है। किसी घटना का वर्णन उसके नितान्त विषयप्रधान,

आत्म से पूर्णतः असम्पृक्त रूप में नहीं किया जा सकता। कवि किसी विषय का वर्णन–वह कैसा है? इस रूप में नहीं कर सकता। उसके वर्णन का आधार–उसके मन पर पड़ने वाला प्रभाव, अर्थात् वह उसे कैसा प्रतीत होता है? ही हो सकता है। इतना अवश्य है कि ऐसी कृतियों में वस्तु-तत्त्व प्रधान एवं आत्म-तत्त्व अपेक्षाकृत गौण रहता है। परन्तु विषयिप्रधान साहित्यिक-विधाओं में तो आत्म-विस्मरण की यह स्थिति असम्भव है, क्योंकि इनमें विषय व्यक्ति का अहं या आत्म होता है–अतएव विषय का ही विस्मरण करके उसकी अभिव्यक्ति कैसे सम्भव हो सकती है।

कवि के आत्म के इस निषेध का एक ऐतिहासिक कारण भी रहा। संसार की अधिकांश भाषाओं की भाँति आरम्भिक यूनानी साहित्य में भी अभिजात कला के वस्तुपरक भाव-तत्त्व का प्रकाशन तो हुआ, रम्याद्भुत कला के व्यक्तिपरक आत्म-तत्त्व का नहीं। अतः कवि के व्यक्ति को ये आचार्य गौण स्थान देते रहे। परन्तु जीवन के बहिरंग और अन्तरंग, वस्तु और आत्म, मूर्त एवं अमूर्त में से काव्य-रचना के निमित्त एकान्त निषेध किसी का भी नहीं किया जा सकता। अन्तर केवल बलाबल का है। आचार्य अरस्तू ने ही प्लेटो की इस धारणा का प्रकारान्तर से विरोध प्रस्तुत कर दिया। काव्य अनुकार्य उनके अनुसार तीन प्रकार की वस्तुओं में से कोई एक हो सकती है–जैसी वे थीं या हैं, जैसी वे कही या समझी जाती हैं अथवा जैसी वे होनी चाहिए।

इनमें से प्रथम प्रकार का सम्बन्ध जीवन के वस्तुपरक यथार्थ से है और शेष का क्रमशः सम्भाव्य भावपरक यथार्थ और भावपरक आदर्श से। प्रथम प्रकार के अनुकरण में निरीक्षण की, और शेष दो में क्रमशः भावन एवं कल्पना की प्रधानता रहती है। पहला जीवन का मूर्त अंग है और शेष दोनों अमूर्त भावना व कल्पना के विषय। परन्तु जीवन के इस मूर्त अंग का वर्णन भी व्यक्तिगत ऐन्द्रिय ज्ञान के आधार पर ही किया जा सकता है, अतः आत्म-तत्त्व वहाँ भी साधक रूप में वर्तमान रहता है, और शेष दो तो प्रत्यक्ष रूप से अनुभवन, विचार और कल्पना पर ही आश्रित हैं, अतः वहाँ व्यक्ति-तत्त्व विशेष प्रबुद्ध रहता है। किसी भी स्थिति में पूर्ण आत्मविस्मरण की स्वीकृति काव्य-रचना के क्षणों में अनर्गल है, चाहे कवि विषय के प्रतीयमान रूप का वर्णन करे अथवा सम्भाव्य एवं आदर्श रूप का। प्रतीयमान रूप के अनुकरण में वह बहिरंग के अन्तरंग प्रतिबिम्ब को ही शब्दों के माध्यम से रूपायित करेगा। जिसमें विषय का मानस-बिम्ब भावन के आधार पर, और शाब्दिक प्रतिबिम्ब कल्पना की सहायता से निर्मित होता है। सम्भाव्य रूप का चित्रण तो निश्चय ही कल्पनापेक्षी है–और आदर्श रूप-निर्माण में विचार और इच्छा से पुष्ट कवि की कल्पना क्रियाशील रहती है। अतएव आत्म से सर्वथा असम्पृक्त यथार्थ-प्रत्यंकन किसी भी स्थिति में सम्भव नहीं है। निष्कर्ष यह कि

आचार्य प्लेटो की इस मान्यता में बल इतना ही है, कि उन्होंने काव्य के वस्तुपरक आधार की प्रतिष्ठा की। आदिम आचार्यों की भाँति यद्यपि प्लेटो और अरस्तू दोनों का सिद्धान्त-विवेचन अनुगम (इन्डक्टिव) विधि पर आश्रित है, दोनों के सामने ही होमर के महाकाव्य एवं अन्य कृतिकारों की नाट्य-कृतियाँ वर्तमान थीं, फिर भी उनके विवेचन में मूल दृष्टि का भेद है। प्लेटो आदर्श राज्य से कवि को तिरस्कृत कर निष्कासित करने के फेर में थे, क्योंकि उसकी उपलब्धियाँ उनकी आदर्श राज्य-कल्पना के अनुकूल नहीं बैठती थीं, और अरस्तू इस तिरस्कृत कवि के उद्धार में प्रयासरत। अतएव प्लेटो का अधिकांश विवेचन नकारात्मक या अभावात्मक है। जिसमें विधान की अपेक्षा निषेध अधिक है और अरस्तू ने सकारात्मक या भावात्मक पद्धति का प्रश्रय लिया है। अतः उनके विवेचन में सिद्धियों की स्वीकृति अधिक है।

आत्मेतर या परस्थ को महत्त्व देने वाले इस आदिम सिद्धान्त का सहजानुभूति के परवर्ती सिद्धान्त से भी तीव्र विरोध है। कला को मूलतः सहजानुभूति एवं उसकी मूल प्रक्रिया का घटन कलाकार के मानस में स्वीकार करने वाले आचार्य क्रोचे जहाँ सहजानुभूति में कवि की अनुभूति और अभिव्यक्ति को अभिन्न मानते हुए, प्रातिभ ज्ञान में सम्पूर्ण कलात्मक सर्जना का अन्तर्भाव करते हैं वहाँ प्लेटो जैसे वस्तुवादी आचार्य इस प्रक्रिया में कवि की अहंता का पूर्ण विलोप एवं परिहार स्वीकार करते हैं। दोनों सिद्धान्तों के मान्य व अमान्य अंश परस्पर क्रमशः अमान्य व मान्य हैं।

काव्यास्वाद

काव्यास्वाद और साधारणीकरण

काव्य के आस्वाद से सम्बद्ध होने के कारण साधारणीकरण किसी भी काव्यशास्त्रीय विवेचन का मूलभूत प्रश्न है। स्वदेश के आचार्यों ने इस प्रश्न का जितना व्यवस्थित और सांगोपांग विवेचन प्रस्तुत किया विदेशी आचार्यों ने उसी रूप में तो आरम्भ से इस प्रश्न को ग्रहण नहीं किया, परन्तु काव्यास्वाद एवं काव्य-सम्प्रेषण से सम्बद्ध कुछ संकेत उनके विवेचन में उपलब्ध हो जाते हैं। प्लेटो ने काव्य के संप्रेषण एवं आस्वाद का वर्णन करते हुए जो कुछ संकेत, इस सम्बन्ध में दिए हैं वे विशेष महत्त्वपूर्ण माने जाएँगे। इसलिए नहीं कि उनका विवेचन काव्यालोचन का आदि ग्रन्थ है, बल्कि इसलिए और भी अधिक कि बाद में पशिचम में सहानुभूति[1] एवं तदनुभूति[2] के आधार पर काव्यास्वाद की व्याख्या के जो प्रयास हुए उनका पूर्व-संकेत प्लेटो में ही उपलब्ध हो जाता है।

प्लेटो साधारणीकरण की स्थिति तीन स्थलों पर मानते हैं। कवि और विषय के बीच, काव्य और वाचक चारण के मध्य और काव्य एवं प्रमाता के बीच, जिसका माध्यम काव्य का पाठ करने वाला चारण होता है। इस प्रकार काव्य के सृजन से संप्रेषण और संप्रेषण से ग्रहण तक ये तीन बिन्दु—कवि, चारण और प्रमाता समानानुभूति के सूत्र से बँध कर एक त्रिकोण का निर्माण करते हैं, यह तो आचार्य प्लेटो स्पष्ट कर पाए, परन्तु इस प्रश्न के क्यों और कैसे का उत्तर उनके संकेतों में नहीं मिलता।

प्लेटो ने काव्य-रचना के प्रसंग में यह स्थापना तो कहीं नहीं की, कि कवि

1. सिम्पैथी
2. इम्पैथी

काव्य के उत्पाद्य अथवा अनुत्पाद्य विशेष को इस रूप में प्रमाता के सामने लाता है कि वह पाठक मात्र के उसी भाव का आलम्बन हो जाए, परन्तु यह उनका अभिप्रेत अवश्य था, ऐसा उनके विवेचन के आधार पर सिद्ध किया जा सकता है। पहली बात तो यह कि प्लेटो ने दैवी शक्तियों से अभिभूत कवि की जिस आत्म-विस्मरणकारी मनःस्थिति की चर्चा काव्य-सृजन के संदर्भ में की है वह विषय से तादात्म्य के अतिरिक्त और कुछ नहीं। उक्त स्थापना में से यदि सिर्फ़ इस बात पर ध्यान दिया जाए कि प्लेटो जब कहते हैं कि कवि एक आरोपित व्यक्तित्व धारण कर लेता है, अथवा वह केवल करण का माध्यम मात्र रह जाता है तो आरोपित व्यक्तित्व का आशय इससे अधिक कुछ नहीं है कि वह उन पात्रों तथा घटनाओं से पूर्ण तादात्म्य स्थापित कर लेता है, जिनका वर्णन करता है। दैवी अंश उसमें उतना ही है कि वह ऐसा निसर्ग प्रतिभा एवं संस्कार के आधार पर करता है। वह स्व का विस्तार कर अपनी क्रान्तदर्शी प्रतिभा के आधार पर सार्वभौमिकता की सिद्धि करता है।

दूसरी बात—जब प्लेटो इओन के माध्यम से यह स्वीकार करते हैं, (देखिए पृष्ठ—44) कि काव्य का पाठ करते समय वाचक चारण एवं श्रोता दोनों ही उसमें संप्रेष्य अनुभूतियों का अनुभवन एवं अनुभावन करते हैं तो इस बात में शंका नहीं रहती कि वे कवि के मन में घटित होने वाली मूल अनुभूत्यात्मक क्रिया की प्रतिक्रिया वाचक और श्रोता में मानते हैं। प्लेटो जब अनुकरण की बात करते हैं तो उनकी दृष्टि में एक अर्थ में प्रेक्षक भी कवि और नट की ही भाँति अनुकर्ता होता है। वह भी काव्य में वर्णित भावस्थिति में प्रवेश करता है, और इस अर्थ में वह अनुकर्ता होता है। यद्यपि बहुत स्पष्ट शब्दों में प्लेटो ने ऐसा नहीं कहा परन्तु उनके विवेचन से उनका अभिप्राय स्पष्ट है। यदि वे काव्य के वर्ण्य का अनुकरण (व्यापक अर्थ में साधारणीकरण) प्रमाता द्वारा सम्भव नहीं मानते, तो उनकी दृष्टि में साहित्य की विशेष महत्ता ही नहीं होती। साहित्य की विशेषता यही है कि वह मानव की इस मौलिक अनुकरणात्मक प्रवृत्ति की अभिव्यक्ति के लिए साधन प्रस्तुत करे, और प्रमाता के अर्थ में अनुकरण का अर्थ, वर्ण्य से तादात्म्य, आत्मा में अवधारण के अतिरिक्त और कुछ नहीं है। क्योंकि यह तादात्म्य वर्ण्य से, कविनिबद्ध पात्रों और घटनाओं से घटित होता है, जो कवि की अनुभूति के ही प्रतीक हैं (भले ही दैवी प्रेरणा का परिणाम हो) अतः अन्ततः कवि की ही अनुभूति से माना जाएगा। यदि कवि वर्णन-समर्थ नहीं होगा, यदि प्रमाता सहृदय नहीं होगा, तो समानानुभूति, या तदनुभूति का त्रिकोण पूरा ही नहीं हो सकता।

प्लेटो ने अनुभूति की एक से अनेकता या विशेष से सार्वभौमिकता-सिद्धि की ओर निर्देश करके दो बातों को स्पष्ट किया—(1) मानव-मात्र की मूलभूत वृत्तियाँ समान होती हैं (2) समर्थ कवि अपने विषय को इसी रूप में पाठक के समक्ष लाता

है कि उसमें निहित मूल अनुभूति सब की हो सके।

साधारणीकरण किसका होता है—इस विषय में आचार्य प्लेटो ने स्पष्ट कुछ नहीं कहा, परन्तु उनका संकेत काव्य के सभी अवयवों की ओर ही था, इसमें सन्देह नहीं। जहाँ वे प्रमाता के करुणा, विस्मय, कठोरता, रोमांच आदि भाव और अनुभावों के अनुभव की चर्चा करते हैं वहाँ कवि के साथ घटनास्थलों में विचरण की बात भी कहते हैं। उन्होंने पृथक् रूप से न आलम्बनत्व धर्म के साधारणीकरण का उल्लेख किया न आश्रय या नायक से तादात्म्य का। उनका अभिप्रेत काव्य के समग्र से ही तदनुभूति की स्थापना करना था, जिसमें चेतन पात्रों के साथ जड़ प्रकृति भी शामिल थी। संकेत करना अप्रासंगिक न होगा कि काव्य के घटनास्थलों में अपने प्रमाता को विचरण कराने में वही कवि समर्थ हो सकता है, जिसने स्वयं अर्जित ज्ञान एवं कल्पना के सहारे उनमें विचरण किया हो, तथा जिसकी कविता में मात्र अर्थ-ग्रहण कराने की नहीं, बिम्ब-ग्रहण कराने की सामर्थ्य हो।

निष्कर्ष-रूप में—आचार्य प्लेटो ने साधारणीकरण के सिद्धान्त और स्वरूप की ओर कुछ संकेत तो किए परन्तु भारतीय आचार्यों की भाँति इस प्रक्रिया का गहन मनोवैज्ञानिक और काव्य-शास्त्रीय विवेचन नहीं किया।

काव्य का प्रभाव

काव्य-प्रभाव का प्लेटो ने विशद विवेचन किया है। इसी आधार पर उनकी काव्य मात्र के तिरस्कार की मान्यता निर्भर है। नैतिक, एवं कुछ दूर तक मनोवैज्ञानिक तर्कों के सहारे उन्होंने प्रमाता पर काव्य का प्रभाव हानिकर एवं घातक सिद्ध करने का प्रयास किया और इस प्रकार, कवि का दार्शनिक ही नहीं, व्यावहारिक कारणों से भी विरोध किया। जीवन के समस्त शैक्षिक एवं कलात्मक प्रयासों का लक्ष्य, प्लेटो चरित्र-निर्माण, और विवेक का उद्बोधन मानते थे परन्तु कवि के सम्बन्ध में उन्होंने कहा :

अनुकर्ता कवि जिसका लक्ष्य लोकप्रियता होता है न प्रकृति के द्वारा इसलिए निर्मित होता है और न ही उसकी कला का अभीष्ट आत्मा के बौद्धिक व विवेकांश को आह्लादित एवं प्रभावित करना होता है। बल्कि कला का संप्रेषण रोदनात्मक और उत्तेजनात्मक मनोवेगों के प्रति होता है क्योंकि ऐसी ही मनःस्थितियों का अनुकरण सरलता से सम्भव होता है।[35]

इस स्थापना में दो बातें स्पष्ट हैं—(1) इस स्थापना का आधार मुख्य रूप से त्रासदी का प्रभाव ही है। दरअस्ल आचार्य प्लेटो के समय से ही (अथवा उससे पहले भी) ग्रीक साहित्य का एकमात्र उत्कृष्ट रूप त्रासदी-रचना निश्चित था तथा काव्यविषयक विवेचन के लिए त्रासदी को ही मानदण्ड स्वीकार किया जाता था। अन्य काव्य-रूपों में भी (हमारा आशय महाकाव्य से है) त्रासद तत्त्वों की ही

प्रधानता रहती थी। कामदी और रौद्रस्तोत्र आदि को काव्य का उदात्त एवं गम्भीर रूप न मानकर तद्विषयक विवेचन के लिए प्रमाण भी स्वीकार नहीं किया जाता था।

(2) काव्य का प्रभाव वे केवल मनोवेगों की उत्तेजना मानते हैं, अरस्तू की भाँति विरेचन या रिचर्ड्स की भाँति अन्तर्वृत्तियों का समंजन नहीं। उनके अनुसार काव्य का प्रभाव केवल मनोवेगों के उद्वेलन और उत्तेजन तक ही सीमित रहता है, उससे किसी प्रकार का कलात्मक आनन्द या परितोष उपलब्ध नहीं होता।

प्लेटो की इस मान्यता का कारण यह था कि वे मन पर काव्य का प्रभाव स्वास्थ्यकर अथवा किसी प्रकार की उपलब्धि (आनन्द अथवा आत्मतोष) का साधक नहीं मानते थे, बल्कि इसके ठीक विपरीत उन्होंने मनोवेगों पर उसका प्रभाव सर्वथा हानिकारक माना है। इसका प्रमुख कारण यह था कि आत्मा में भावना का दर्जा प्लेटो निम्नतर मानते हैं। विवेक, एवं तर्क-बुद्धि को उन्होंने आत्मा का साधु एवं बलिष्ठ अंग माना है। अतः वे समस्त कलात्मक प्रयत्न कैसे काम्य हो सकते हैं जिनमें सत्य के अनुकरण का अनुकरण मात्र होता है और जिनका संप्रेषण आत्मा के इस निम्नतर अंग के प्रति होता है, तथा प्रभाव इन भावनाओं का क्षणिक उत्तेजन तथा उद्वेलन मात्र होता है? ये कलाएँ एक ओर आत्मा के इस अंग का संपोषण करती हैं, तथा दूसरी ओर विवेक के क्षय का कारण होती हैं। इस प्रकार दोनों रूपों में उनका प्रभाव नकारात्मक होता है। प्लेटो ने एक ऐसे नगर का दृष्टान्त देकर अपनी बात का स्पष्टीकरण किया जिसमें दुष्टों का समर्थन कर उन्हें शक्ति-सम्पन्न बनाया जाता है एवं श्रेष्ठ नागरिकों को मार्ग से हटा दिया जाता है। ठीक इसी प्रकार अनुकर्ता कवि हमारे व्यक्तित्व में असाधु प्रकृति की प्रतिष्ठा करता है। वह हमारी उस अविवेकी प्रकृति को लिप्त करता है जिसमें महान और क्षुद्र के निर्णय की क्षमता नहीं होती तथा इस अज्ञान के कारण वह एक ही वस्तु को भिन्न-भिन प्रसंगों में कभी महान एवं कभी क्षुद्र समझती है।[36]

प्लेटो के अनुसार काव्य पर अभियोग का सबसे सबल कारण यही है कि वह केवल आत्मा की असाधु प्रवृत्ति या अंश का पोषण ही नहीं करता बल्कि वह ऐसी शक्ति से सम्पन्न होता है जो साधु प्रवृत्ति के लिए हानिकारक होती है। अतः यह सर्वथा अग्राह्य है।[37]

यवनाचार्य ने उक्त मान्यता को अनुभवजन्य तर्क के आधार पर सिद्ध करने का प्रयास किया। उन्होंने कहा कि हम जब होमर या किसी अन्य त्रासदीकार के ऐसे अवतरण का श्रवण करते हैं जिसमें शोकार्त्त नायक किसी लम्बी वक्तृता में, अथवा शोक-गीत या अन्य साधनों से शोक-विकल व्यक्ति का अनुकरण कर रहा हो, तो हममें से श्रेष्ठतम व्यक्ति भी तुरंत सहानुभूति का अनुभव करने लगते हैं

तथा अपनी भावनाओं के उद्वेलन में समर्थ कवि की सफलता पर हर्षित होते हैं।[38]

परन्तु वास्तविक जीवन के शोक-संतप्त क्षणों में हम इसके ठीक प्रतिकूल आचरण में, अर्थात् धैर्य एवं सहनशीलता का परिचय देने में गर्व की अनुभूति करते हैं, और ऐसा आचरण ही पुरुषोचित समझा जाता है, तथा काव्य-श्रवण के समय सहानुभूति में होने वाला आह्लाद स्त्रियोचित।[39]

प्रश्न उठता है कि जिस आचरण में हमें स्वयं लज्जाजन्य ग्लानि व घृणा होती है, किसी अन्य व्यक्ति को वैसा करते देख हम उसकी प्रशंसा कैसे कर सकते हैं? क्या यह उचित है?[40] क्या प्लेटो काव्यास्वाद का प्रभाव सर्वथा हानिकारक एवं आत्मा के हीन एवं दुर्बल अंग का पोषक मानते हैं? क्या उनकी दृष्टि में काव्य-प्रेक्षण एवं पठन के सारे प्रयत्न व्यर्थ और त्याज्य हैं? आदर्श राज्य की कल्पना से कवि का बहिष्कार इस प्रश्न के स्वीकारात्मक उत्तर का भ्रम पैदा कर सकता है किन्तु वास्तव में ऐसा है नहीं। इसी विषय का विवेचन करते हुए, प्लेटो ने आगे चलकर काव्य-प्रभाव-सम्बन्धी उस प्रक्रिया की ओर संकेत किया है, जो अरस्तू के विरेचन-सिद्धान्त का आधार है। उन्होंने स्पष्ट कहा कि मानव-मन की वे सहज प्रवृत्तियाँ जो जीवन में दमित व अभुक्त रहती हैं काव्य के माध्यम से परितुष्ट होती हैं। अपने दुर्भाग्य के क्षणों में शोकाभिभूत मानव-मन की विलाप एवं क्रन्दन द्वारा शोक-विगलन की सहज लालसा एवं प्रवृत्ति, दमन के कारण क्षुधित और कुण्ठित रहती है। काव्य के माध्यम से इसी प्रवृत्ति का परितोष एवं आनन्द में पर्यवसान होता है। जैसा पहले कहा जा चुका है विवेकानुशासित संयम को वे चरित्र-बल का प्रमाण एवं आत्मा का साधु अंश मानते थे। अतः उन्होंने उपर्युक्त मान्यता के पक्ष में तर्क दिया कि हममें से अधिकांश आत्म-संयम के अभ्यस्त नहीं होते, अतः मन की करुणा वृत्ति इसलिए मार्ग बना लेती है क्योंकि शोक दूसरे का है। प्रेक्षक इस काल्पनिक भ्रम में आ जाता है कि दूसरे के शोक एवं क्रन्दन के प्रति उसकी अपनी सहानुभूति एवं करुणा का उद्रेक व प्रशस्ति-भाव स्वयं के लिए लज्जाजनक अथवा गर्हित न होगा। वह यह भी सोचता है कि काव्य के प्रेक्षण से प्राप्त आनन्द उसकी सिद्धि है अतः सम्पूर्ण कविता की अवज्ञा कर वह इस आनन्द से वंचित नहीं होना चाहता। बहुत कम व्यक्ति यह समझ पाते हैं कि दूसरों के दुःख, संसर्ग के कारण अन्ततः हमारे दुःख का कारण भी हो जाते हैं, क्योंकि दूसरों के दुर्भाग्य से पोषित करुणा-भाव अपनी बारी में भी सहज निरुद्ध नहीं हो पाता।[41]

प्लेटो ने इस युक्ति को, केवल त्रासदी आदि दुःखात्मक काव्य-विधाओं के प्रभाव की व्याख्या तक ही परिसीमित नहीं किया, उनके मतानुसार कामदी आदि परिहासपरक विधाओं के सम्बन्ध में भी यही सत्य है। मित्र-मण्डली के मध्य अथवा कामदी के प्रेक्षण में ऐसे परिहास से हमें मनोरंजन की उपलब्धि होती है

जिसे स्वयं करने में लज्जानुभूति होती है और उसकी अपकृष्टता हमारे मन में तनिक भी जुगुप्सा उत्पन्न नहीं करती। इस प्रकार कामदी में भी उसी प्रक्रिया की पुनरावृत्ति होती है जो त्रासदी के आस्वाद में सक्रिय रहती है। मानव-मन में परिहास की प्रवृत्ति सहज होती है। इस प्रवृत्ति का वह विवेक से इसलिए दमन करता है कि उसे विदूषक न समझ लिया जाए। नाटकादि के प्रेक्षण में यही वृत्ति उत्तेजित होकर व्यक्त होती है और अनजाने ही व्यवहार में प्रमाता को प्रहसन कवि की सीमा तक पहुँचा देती है।[42]

काव्य का यह प्रभाव केवल करुणा एवं परिहास-वृत्ति तक ही सीमित नहीं रहता। यही बात कामेच्छा, क्रोध, तथा अन्य सभी सुख-दुखात्मक भावनाओं एवं अभिलाषाओं के सम्बन्ध में कही जा सकती है जो हमारे कर्मों के साथ अविभाज्य रूप से जुड़ी रहती हैं। उन सभी में काव्य का प्रभाव समान होता है। अर्थात् वह हमारी वासनाओं को निष्प्राण बनाने के स्थान पर उनका सिंचन व पोषण करता है। यद्यपि सुख एवं गुणों की वृद्धि के लिए उनका नियन्त्रण अनिवार्य है फिर भी काव्य इसके विपरीत उन्हें हमारी आत्मा पर अनुशासन का अवसर देता है।[43] कवियों में होमर को महत्तम, एवं त्रासदीकारों में प्रथम स्वीकार करते हुए भी आचार्य प्लेटो इस निश्चय में सर्वथा दृढ़ थे कि नगर में केवल ऐसे काव्य का प्रवेश होना चाहिए जिसमें ईश्वर-स्तुति और साधुजनों का गुणगान हो। यदि इसके अतिरिक्त प्रगीत एवं महाकाव्य के माध्यम से माधुर्य की देवी की प्रतिष्ठा नगर में हुई तो विधि और विवेक के स्थान पर सुख-दुःख शासन करेंगे।[44]

नैतिक और दार्शनिक तर्कों के आधार पर काव्य का निषेध करते हुए भी आचार्य प्लेटो काव्य की सम्मोहन-शक्ति के प्रति पूरी तरह जागरूक थे। उन्होंने स्पष्ट शब्दों में उसके सम्मोहक प्रभाव को स्वीकार करते हुए यहाँ तक कह दिया, कि वे काव्य की अवज्ञा केवल दार्शनिक कारण से कर रहे हैं। अन्यथा, यदि किसी सुशासित नगर में अनुकरण-कला और आनन्दजनक कविता की स्थिति का औचित्य प्रमाणित हो सके, तो वे स्वयं उसका सहर्ष स्वागत करने के लिए प्रस्तुत हैं। परन्तु उसके सम्मोहन से अभिभूत होकर सत्य की प्रवंचना करना उचित न होगा। उन्होंने अपने श्रोता से, इस मोहक प्रभाव की सार्वभौमिकता की ओर संकेत करते हुए प्रश्न किया कि क्या वे भी काव्य के मोहक-आकर्षण का स्वयं प्लेटो की भाँति अनुभव नहीं करते? विशेषकर जब वह होमर के माध्यम से प्रकट होती है?

प्लेटो काव्य के आनन्द से इतने प्रभावित थे, कि वे उसका औचित्य सिद्ध करने के उपरान्त, उसे लौटा लाने के (नगर में) लिए भी तत्पर थे, परन्तु इसी उपबन्ध के अधीन कि वह प्रगीत अथवा अन्य किसी छन्द में सफ़ाई देकर अपनी रक्षा कर सके।[45]

काव्य के प्रभाव के सम्बन्ध में आचार्य प्लेटो की उक्तियों के आधार पर

निम्नलिखित निष्कर्ष ग्रहण किए जा सकते हैं :

1. हमारी आत्मा के दो अंग हैं :
   (क) साधु—जिसके अन्तर्गत नैतिक चेतना से पुष्ट हमारा विवेक आता है, इसी अंग से हमारे आचरण का नियमन अभीष्ट है।
   (ख) असाधु—जिसके अन्तर्गत मानवात्मा का रागात्मक अंश आता है—जिसका उत्तेजन, उद्वेलन आदि सहज सम्भव है। विभिन्न सुख-दुःखात्मक अनुभूतियों का बोध कराने वाले इस असाधु अंश द्वारा आत्मा का अनुशासन आदर्श मानव के लिए घातक है।
2. काव्य का संप्रेषण इसी दूसरे—अर्थात् असाधु अंश के प्रति होता है।
3. काव्य मानव-मन की सुख-दुःखात्मक अनुभूतियों को उद्वेलित कर हमारे विवेक को उस क्षणिक आवेग के अधीन कर देता है परन्तु इन संवेगों के उत्तेजन से, किसी प्रकार का कलात्मक परितोष उपलब्ध नहीं होता।
4. नैतिक दृष्टि से जिन प्रवृत्तियों का दमन हम नित्य आचरण में करते हैं, उन्हीं का परितोष काव्य द्वारा सम्पादित होता है। यही काव्य की उपादेयता है।
5. कुंठित मनोवृत्तियों के काव्यजन्य परितोष की बात केवल दुःखात्मक प्रवृत्तियों के सम्बन्ध में ही नहीं, समस्त सुख-दुःखात्मक मनोवृत्तियों तथा मानव-मन की आकांक्षाओं एवं अभिलाषाओं के सम्बन्ध में सत्य है।
6. सत्य की वंचना करने पर भी काव्य का सम्मोहन अतर्क्य एवं अत्यन्त व्यापक है। उसकी सहज-आकर्षण शक्ति से प्लेटो स्वयं आक्रान्त हुए।
7. काव्य की इस सम्मोहिनी शक्ति का श्रेय सिद्ध कवियों के कौशल को ही है।
8. प्लेटो द्वारा कलाओं के—विशेषकर काव्य के निषेध का कारण दार्शनिक एवं नैतिक है।
9. प्लेटो ने काव्य और कला का सामान्य रूप से निषेध किया क्योंकि वह सत्य से दूर है, और नाटक मनोवैज्ञानिक दृष्टि से घातक।

विवेचन

स्पष्ट है कि प्लेटो की मान्यताओं का सबसे प्रबल आधार है—मानव की प्रकृति में राग-विराग, द्वेष-घृणा, आशा-आकांक्षा आदि भावमूलक प्रवृत्तियों को गौण, निर्बल, एवं असाधु अंग मानकर नैतिक चेतना से पुष्ट विवेक को सबल एवं साधु अंग स्वीकार करना। उनकी यह धारणा भले ही भद्र समाज में मान्य समसामयिक नैतिक-आचरण सम्बन्धी मूल्यों एवं आदर्शों से परिचालित हुई हो, परन्तु काव्य एवं कला के क्षेत्र में अमान्य है। नैतिक मानदण्डों के आधार पर कला की इस व्याख्या

का उनके शिष्य अरस्तू ने ही प्रबल शब्दों में खण्डन किया है। नैतिक निकष पर कला के प्रयत्न बहुधा विफल सिद्ध हो सकते हैं। भावनाओं का असंयत, अनियन्त्रित उद्वेग या अभिव्यक्ति कला तो क्या, जीवन के किसी भी क्षेत्र में काम्य नहीं हो सकती। भावनाओं की निरंकुश अभिव्यक्ति प्रलाप भी हो सकती है, परन्तु इस रूप में उसकी सार्वभौमिकता और सर्वग्राह्यता स्वयं सन्दिग्ध हो जाएगी। कला, अभिव्यक्ति के उपरान्त सामाजिक सम्पत्ति हो जाती है। अतः इतना तो काव्य या कला के विवेचन के प्रसंग में स्वीकार करके ही चलना होगा कि उसमें मनोवेगों की इतनी असंयत एवं अनर्गल अभिव्यक्ति नहीं हो सकती कि वह सामाजिक को अग्राह्य हो, अथवा वह हमारे मन में पाशविक वृत्तियों का उद्‌बोध करे, अन्यथा उसकी सामाजिकता एवं लोकप्रियता ही शंकास्पद हो जाएगी। यहाँ तक तो प्लेटो की धारणा मान्य है कि विवेक का हमारे जीवन में, कला-सृजन में, आचरण में, महत्त्व है तथा हमारे समस्त प्रयास विवेकसंयत होने चाहिए। परन्तु इसके आगे जब वे कला के क्षेत्र से विवेक को सर्वथा बहिष्कृत कर, समस्त कलात्मक प्रयत्नों का प्रभाव असाधु मनोवेगों अर्थात् भावों का उत्तेजन तथा साधु प्रकृति अर्थात् विवेक का शमन मानते हैं, तब शंका के लिए अवसर प्रस्तुत होता है। इस मान्यता को ग्रहण करने में चार बाधाएँ हैं : (1) मानव-मन के भाव और बुद्धि, दोनों पक्षों को साधु और असाधु कहकर, एक को दुर्बल अतः उसका पोषण अकाम्य मानना, तथा दूसरे को बलिष्ठ कहकर उसकी पुष्टि की कामना करना अनुचित है। जीवन में भावना और विवेक की अपनी-अपनी महत्ता है। निश्चय ही प्रबुद्ध विवेक चारित्रिक बल का एवं असंयत भावना दुर्बलता का प्रमाण है। परन्तु भावशून्य विवेक एवं विवेकशून्य भावना—दोनों स्थितियाँ ही अमानुषीय हैं। इनमें से किसी एक की महत्त्व-प्रतिष्ठा कर, दूसरे के महत्त्व को कम नहीं किया जा सकता। अतः साधु-असाधु प्रकृति का यह विभाजन ही भ्रान्त है। (2) यदि यह विभाजन स्वीकार कर भी लिया जाए, तो भी मनोविज्ञान की दृष्टि से यह पुष्ट नहीं होता क्योंकि स्वस्थ जीवन का उपभोग इन प्रवृत्तियों के पारस्परिक सन्तुलन और सानुपात नियमन में है, दुर्बल के दमन एवं सबल के अतिरिक्त पोषण में नहीं। ऐसा करने से उत्पन्न असन्तुलन अस्वास्थ्यकर हो सकता है। भावशून्य विवेक का अतिशय पोषण मनोग्रन्थियों का, और असंयत भावना का पोषण मनःविक्षेप का कारण हो सकता है। (3) किसी भी कलात्मक प्रयास या प्रभाव से बुद्धि-तत्त्व का बहिष्कार अनुचित है। काव्य-सृजन एवं आस्वाद दोनों में ही भाव एवं कल्पना के साथ बुद्धि-तत्त्व की स्वीकृति सर्वसम्मत है। बुद्धि का प्रयोग कथ्य की तर्कसम्मत व्यवस्था, अभिव्यंजना-कौशल और प्रमाता के द्वारा काव्यार्थ ग्रहण—सभी में अपेक्षित है। अतः यह कहना कि काव्य का प्रभाव—संवेगोत्तेजन अथवा भावोद्वेलन मात्र है, सर्वथा भ्रान्त है। (4) अन्तिम पर महत्त्वपूर्ण शंका यह है कि क्या काव्य का

संप्रेषण या प्रभाव, हमारी ऐसी मनोवृत्तियों पर होता है, जिनका अनुभवन सामान्य जीवन में लज्जा या क्षोभ का कारण और दमन का विषय हो, अथवा ऐसी वृत्तियों के प्रति, जिनके अनुभव के अवसर जीवन में अत्यल्प होते हैं, और इस प्रकार अभुक्त रहकर उनके मनोग्रन्थियों में परिणत हो जाने की आशंका बनी रहती है। यही वह मनोवैज्ञानिक आधार है जिस पर अरस्तू का विरेचन-सिद्धान्त, बाद में प्रतिष्ठित हुआ, जिसके आलोक में करुण-रस की सुखात्मकता को सिद्ध-असिद्ध किया जाता है। प्लेटो के सिद्धान्त की यही सबसे बड़ी परिसीमा है–एक ओर काव्य के सम्मोहन की निर्भ्रान्त स्वीकृति, और दूसरी ओर नैतिक-मनोवैज्ञानिक दृष्टि से उसका तिरस्कार। अरस्तू ने काव्य का मनोवैज्ञानिक प्रभाव विरेचनात्मक माना और प्लेटो ने उद्वेगजन्य एवं उत्तेजनात्मक।

आचार्य प्लेटो ने काव्य का मूल्यांकन दार्शनिक एवं नैतिक दृष्टिकोण से किया, यही उनकी सबसे बड़ी परिसीमा थी। वे समस्त कलाओं की कसौटी लोक-मंगल को मानते थे। एकमात्र नैतिक उद्देश्यों से काव्य का परिचालन एवं सृजन स्वीकार करना कला के आनन्दवादी मूल्यों का निषेध करना है। यद्यपि कला-प्रयोजन सम्बन्धी यह विवाद आत्यन्तिक रूप से नहीं सुलझाया जा सकता, परन्तु मानव-कल्याण को कला का प्रयोजन मानने वालों ने आनन्द-सिद्धि को कला का गौण प्रयोजन मानते हुए भी उसकी स्वीकृति अवश्य की है। नैतिक तर्कों के आधार पर कला एवं काव्य-रचना के अनेक प्रयत्न व्यर्थ सिद्ध हो सकते हैं। अनेक विषय जिनका अनुभव एवं साक्षात्कार विशुद्ध नैतिक एवं दार्शनिक दृष्टि से व्यावहारिक जीवन में गर्हित तथा त्याज्य माना जाता है, वे ही काव्य का विषय बन कर आनन्द एवं मनःप्रसादन के हेतु बन जाते हैं, यह अनुभव-सिद्ध है। अतः नैतिक तर्कों के आधार पर साहित्य का बहिष्कार कला के क्षेत्र से बाहर का तर्क है। इसके अतिरिक्त भी, जिस मनोवैज्ञानिक तर्क से प्लेटो ने काव्य का खण्डन किया, उसी से उसका मण्डन या पोषण किया जा सकता है। काव्य में, विशेषरूप से नाटक का प्रभाव वे और भी हानिकारक मानते थे क्योंकि वह अनुकरणात्मक विधा है, और मानव, जो स्वयं प्रकृति से अनुकर्ता होता है, नटादि के माध्यम से अभिनीत चरित्रों से तादात्म्य स्थापित कर लेता है। इस प्रकार उसके अपने मनोवेग उद्वेलित-उत्तेजित होकर दुष्ट हो जाते हैं। इसी तर्क का प्रयोग नाटक के पक्ष में करते हुए कहा जा सकता है कि कला का महत्तम योगदान चरित्र-निर्माण के क्षेत्र में यही है कि वह हमें अपने से उच्चतर पात्रों से तादात्म्य करने का अवसर प्रदान करके चरित्रोत्थान में सहायक होती है। प्लेटो ने कला के इस आदर्श-रूप की स्वीकृति ही नहीं की।

प्लेटो के सिद्धान्त का महत्त्व–नैतिक आधार पर काव्य का खण्डन करने पर भी प्लेटो, काव्य की प्रभाव-व्याख्या करते हुए कुछ महत्त्वपूर्ण बातों का निर्देश कर

गए। लगता है कि वे इस विषय में स्वयं पूर्णतः निर्भ्रान्त नहीं थे। एक ओर उन्होंने काव्य का प्रभाव असाधु प्रकृति का पोषण, संवेगों का उत्तेजन माना और दूसरी ओर उसे अभुक्त मनोवेगों की परितुष्टि एवं मनःप्रसादन का साधक कहकर प्रकारान्तर से उसकी मनोवैज्ञानिक उपादेयता स्वीकार कर ली। स्पष्ट है कालान्तर में अरस्तू ने विरेचन-सिद्धान्त की प्रतिष्ठा इसी आधार पर की। अन्तर यही था कि जिस नैतिक तर्क के आधार पर प्लेटो ने काव्य का खण्डन किया था, उसी के आधार पर अरस्तू ने काव्य का मण्डन किया। मानसिक स्वास्थ्य का साधक काव्य, त्याज्य कैसे हो सकता है? परन्तु किसी प्रकार के कलात्मक परितोष या आनन्द का भाव प्लेटो के संकेतों में शामिल नहीं किया जा सकता।

मानव-मन की समस्त सुख-दुःखात्मक अनुभूतियों के सम्बन्ध में उक्त प्रभाव की समान रूप से प्रतिष्ठा कर उन्होंने दुःखात्मक वृत्तियों के काव्यास्वाद की समस्या का भी समाधान प्रस्तुत किया। वस्तुतः अभुक्त मनोवेगों के परितोष के मनोवैज्ञानिक आधार पर दुःखमूलक अनुभूतियों के काव्यास्वादन की व्याख्या और भी तर्कसम्मत रूप में प्रस्तुत की जा सकती है। सामान्यतः जीवन में दुःखात्मक अनुभूतियों के दमन के अवसर ही अपेक्षाकृत अधिक आते हैं। व्यवहार में अग्राह्य या दमित अनुभूतियाँ काव्य-विषय बन कर कैसे ग्राह्य एवं मनःप्रसादक हो जाती हैं—यह प्रश्न अनेक प्रकार की व्याख्याओं का विषय बना रहा है। जिसे बाद के मनीषियों ने विरेचन, अन्तर्वृत्तियों का समंजन, कल्पना का आनन्द आदि कहकर विविध व्याख्याएँ प्रस्तुत कीं, उसी प्रश्न के मनोवैज्ञानिक समाधान का संकेत प्लेटो अपने विवेचन में कर गए थे।

काव्य द्वारा, कुंठित अथवा अभुक्त मनोवेगों एवं संवेदनों के परितोष के सिद्धान्त को तो आचार्य प्लेटो ने दुःखात्मक अनुभूतियों से आगे ले जाकर सुखात्मक अनुभूतियों पर भी चरितार्थ किया है। कहने की आवश्यकता नहीं कि उनके सामने कामदी आदि जो सुखात्मक या हास्यपरक रचनाएँ लक्ष्य ग्रन्थों के रूप में उपलब्ध थीं, उनमें जीवन के गम्भीर, संयत, एवं शिष्ट हास्य की व्याप्ति न होकर असंयत एवं छिछले प्रकार की हास्य-योजना थी। भारतीय साहित्य में उपलब्ध सुखान्त नाटकों एवं महाकाव्यों की भाँति जीवन के पुरुषार्थ चतुष्टय में से एक या अधिक की प्राप्ति से उपलब्ध होने वाला आत्मतोष इनका विषय नहीं होता था। अपने प्रमाताओं को—किसी विकृत एवं भोंडे विषय के अनुकरण अथवा साधारण विषय के विकृत एवं परिहासजन्य अनुकरण से अस्थायी मनोरंजन प्रदान करना उनका लक्ष्य रहता था। इनका प्रभाव नाटक में विदूषक अथवा सर्कस में क्लाउन के अभिनय को देखकर उत्पन्न होने वाली प्रतिक्रिया का समकक्षी था। प्रायः सामान्य जीवन में हम छिछले एवं अभद्र व असंयत हास्य का भी दमन करते हैं। अतः उस अभुक्त संवेग का परितोष भी आचार्य प्लेटो ने कामदी आदि

विधाओं द्वारा स्वीकार किया। स्पष्ट है कि उक्त मान्यता को सुखान्त भारतीय साहित्य पर लागू नहीं किया जा सकता। इस दृष्टि से भले ही इन काव्यों में अभुक्त मनोवेगों के परितोष की मनोवैज्ञानिक व्याख्या ढूँढ़ ली जाय, कि प्राचीन भारतीय साहित्य के बहुलांश का मूल स्वर एवं दृष्टिकोण आदर्शवादी है। यह आदर्श नैतिक, रोमानी आदि विविध रूपों में प्रतिफलित होता है। अतः कहा जा सकता है कि इन रचनाओं में परिव्याप्त, संघर्षोपरान्त उपलब्धि से प्राप्त होने वाला परितोष, हमारी अभुक्त आदर्श-भावना, एवं कल्पना का परितोष ही है। परन्तु कामदी और भारतीय नाटकों की रचना में मूल दृष्टिकोण का, कवि की प्रतिबद्धता का अन्तर है। भारतीय साहित्य की सुखान्त विधाओं में कभी उस असंयत एवं अभद्र हास्य को वाणी नहीं मिली जिसकी जीवन में प्रत्यक्ष अभिव्यक्ति नैतिक आचरण की दृष्टि से गर्हित अथवा अशिष्ट मानकर उसके दमन की आकांक्षा एवं प्रयास किया जाता हो। प्लेटो की इस मान्यता की परिसीमा का कारण उनके समय में रचित लक्ष्य ग्रन्थ ही रहे।

प्रश्न उठाया जा सकता है कि प्लेटो ने जिस सामग्री को आधार बनाकर सिद्धान्त-निरूपण किया वही अरस्तू के काव्यशास्त्र का आधार रही। अतः लक्ष्य ग्रन्थों की उपलब्ध सामग्री की सीमा के आधार पर उनके विवेचन का औचित्य कैसे सिद्ध किया जा सकता है? इसका कारण आधार की सीमा नहीं, दोनों आचार्यों की दृष्टि का भेद है। प्लेटो की नैतिक भाराक्रान्त दृष्टि ने तत्त्व-ग्रहण के स्थान पर तथ्य-विवेचन अधिक किया, और व्यवहार, प्रचलित भ्रान्त धारणाओं, स्वानुभव आदि के आधार पर कलाओं का तिरस्कार किया। अरस्तू की तत्त्वग्राहिणी क्रान्तदर्शी प्रतिभा इसके विपरीत तथ्य के आदर्श-निरूपण में संलग्न हुई और प्लेटो द्वारा तिरस्कृत कलाकार का उद्धार, उन्हीं के काव्य-विवेचन से हुआ। यह दोनों के दृष्टिकोण का भेद था। एक ने तथ्य-विवेचन किया, और दूसरे ने तत्त्व-विवेचन एवं आदर्श-निरूपण।

सत्य का वंचक कहते हुए भी काव्य का सम्मोहन आचार्य प्लेटो ने सार्वभौमिक स्वीकार किया। इस प्रकार काव्य से प्राप्त आनन्द की स्वीकृति भी प्लेटो ने कर ली। यद्यपि उन्होंने काव्य से प्राप्त होने वाले आनन्द की स्वरूप-व्याख्या नहीं की, और न ही उसकी कोटि या स्तर निश्चित किया, परन्तु इतना तो स्पष्ट है कि काव्य को सत्य के अनुकरण का भी अनुकरण मानने वाला मनीषी उससे प्राप्त आनन्द को आध्यात्मिक या उसका समकक्षी आनन्द नहीं मान सकता था। भारतीय विचारकों की भाँति उसे ब्रह्मास्वाद सहोदर मानने का तो प्रश्न ही नहीं उठता था। उसे निश्चय ही वे मिथ्या-अनुकरण से प्राप्त होने वाला निम्न कोटि का भ्रमजन्य आनन्द मानते थे। परन्तु काव्य के सम्मोहन, अर्थात् आनन्द के प्रभाव से वे स्वयं भी वंचित न रह सके—ऐसा उन्होंने स्पष्ट रूप से स्वीकार किया है।

काव्य में सम्मोहन उत्पन्न करने का श्रेय कवि को देकर प्लेटो ने काव्य-सृजन में उसका महत्त्व स्वीकार किया। अनेक प्रसंगों में प्रत्यक्ष या परोक्ष रूप से यह संकेत करके कि होमर जैसे सिद्ध कवियों की वाणी से प्रकट होने वाले काव्य का सम्मोहन विशेष रूप से मुग्धकर होता है, आचार्य प्लेटो ने यह मान लिया कि काव्य के अभिव्यंजनागत सौन्दर्य में निहित उसकी सम्मोहिनी शक्ति, कवि की सामर्थ्य-असामर्थ्य पर निर्भर रहती है, और सिद्ध कवियों की वाणी में वह अधिक मुखर होती है। इस प्रकार काव्य के प्रभाव में कवि के रचना-कौशल के अनुसार, प्राप्य-आनन्द में स्तर-भेद होता जाता है।

काव्य की प्रभाव-व्याख्या के प्रसंग में आचार्य प्लेटो के मत का महत्त्व, निष्कर्ष रूप में इस प्रकार है :

1. प्लेटो ने काव्यास्वाद की प्रक्रिया पर प्रकाश डालते हुए परोक्ष रूप में अरस्तू के विरेचन-सिद्धान्त के लिए आधारभूमि प्रस्तुत की।
2. यवनाचार्य ने दुःखात्मक संवेदनों के आस्वाद्य की समस्या की ओर भी अपने सिद्धान्त में संकेत किया।
3. काव्य में आनन्द की अवस्थिति एवं उसके सार्वभौमिक प्रभाव का निर्देश भी वे परोक्ष रूप में कर गए।
4. काव्य-सृजन में उन्होंने कवि के रचना-कौशल के महत्त्व की भी प्रतिष्ठा की।

काव्य-प्रयोजन

काव्य-प्रयोजन के विषय में प्लेटो का मत सर्वथा स्पष्ट था, जिसकी उन्होंने साग्रह प्रतिष्ठा की। आदर्श-राज्य में कवि को प्रवेश की अनुमति वे इस शर्त पर देने को तैयार थे कि काव्य-प्रेमी, जो स्वयं कवि न हों, गद्य में कवि की ओर से सफ़ाई प्रस्तुत करें, जिसमें सिद्ध किया जाए कि कविता केवल आनन्ददायिनी ही नहीं है बल्कि राष्ट्र एवं मानव-जीवन के लिए उपयोगी भी है। प्लेटो ने अपनी सफ़ाई देते हुए कहा कि हम उनकी बात को सहानुभूतिपूर्वक ग्रहण करेंगे क्योंकि यदि यह सिद्ध हो जाए कि काव्य केवल आह्लादकारी ही नहीं, उपयोगी भी होता है, तो निश्चय ही हम लाभान्वित होंगे।[46]

प्लेटो ने उस प्रेमी का दृष्टान्त देकर अपनी बात को सिद्ध किया, जो किसी के द्वारा मुग्ध होने पर भी, जब यह जान लेता है कि उसकी इच्छाएँ आत्म विरोधी हैं, तो वह आत्मनिग्रह करता है। ठीक इसी प्रकार यदि कविता अपनी उपयोगिता सिद्ध न कर सके, तो हमें संघर्ष करके भी उसका त्याग करना होगा। सुन्दर-संविधान के अधीन शिक्षित होने के कारण हमारे मन में भी ऐसे काव्य के प्रति प्रेम की प्रेरणा का बीजारोपण हुआ है, अतः यदि वह सत्य और श्रेष्ठता के साथ प्रकट होती है तो हमें आनन्द ही होगा। परन्तु जब तक वह अपनी सफाई प्रस्तुत नहीं करती, हम अपनी इसी युक्ति का अपने प्रति पुनरुच्चारण करते हुए उसका श्रवण करेंगे कि हम भी अन्य व्यक्तियों की भाँति, उसके बालोचित प्रेम का शिकार न बन जाएँ। हर स्थिति में हम इस बात के प्रति सर्वथा सहज रहेंगे कि काव्य–जैसा कि हमने उसका वर्णन किया है, सत्य का साधक कोई गम्भीर प्रयास नहीं है, और उसके श्रोता को अपने आत्मस्थित नगर की रक्षा की चिन्ता करते हुए उसके प्रलोभन के प्रति सजग रहना चाहिए, तथा हमारे शब्दों को नियम बना लेना चाहिए।[47]

प्लेटो के इस मत से यह स्पष्ट है कि वे लोक-मंगल और जन-कल्याण को

कला का प्रमुख प्रयोजन मानते थे। परन्तु साथ ही यह भी सत्य ही है कि उन्होंने आनन्द का निषेध नहीं किया, बल्कि उसे काव्य का अनिवार्य, किन्तु गौण प्रयोजन माना है। यद्यपि उन्होंने काव्य का समस्त आकर्षण ही आनन्दमूलक माना है तथापि उसे बालोचित, अगम्भीर एवं असत्य कहकर विशिष्ट बना दिया। जिस कला का सृजन सत्य की आधारभूमि पर नहीं होगा, उससे प्राप्त आनन्द मिथ्या परितोष के अतिरिक्त क्या हो सकता है? परन्तु यदि यह सिद्ध हो सके कि कला स्वान्तःसुखाय होने के साथ परजनहिताय भी हो सकती है तो यह एक कलाकार की ही नहीं, सामाजिक की भी सिद्धि होगी, क्योंकि काव्य से प्राप्त आनन्द निम्न कोटि का इसीलिए है कि वह चाटुक्रिया का या मिथ्या परितोष का आनन्द है। वह अग्राह्य केवल इसीलिए कहा जाता है कि वह असत्य का व्यंजक होता है—अतः उसके खण्डन का आधार नैतिक एवं दार्शनिक है, परन्तु इससे उसका कलागत अवमूल्यन नहीं किया जा सकता और यदि किसी प्रकार भी यह सिद्ध किया जा सके कि वह लोक-मंगल का साधक है तो यह आनन्द निश्चय ही ग्राह्य है। इस प्रकार प्लेटो के अनुसार कला का आदर्श रूप वह है जिसमें स्वार्थ और परार्थ का, व्यक्तिगत आनन्द व लोक-मंगल का, सुचारु संयोग हो। लोक-मंगल की साधना जीवन में कला की उपयोगिता, सार्थकता के लिए, और आनन्द-साधना ग्राह्यता के लिए अनिवार्य है। परन्तु यदि दोनों प्रयोजनों में से अपेक्षाकृत महत्त्व का निर्णय करना हो तो निश्चय ही लोक-मंगल उसका प्रमुख एवं एकमात्र प्रयोजन है, तथा आनन्दोपलब्धि गौण व आंगिक प्रयोजन।

कहना अनावश्यक है कि प्लेटो ने जिस उपयोगिता एवं कल्याण की प्रतिष्ठा काव्य में की वह व्यक्ति-कल्याण का नहीं समाजहित का पर्याय है। वे मानव के नहीं मानवता-हित के हामी थे। अर्थात् वे मानते थे कि व्यक्ति की प्रकृति में असाधु अंश का दमन एवं साधु अंश का पोषण करते हुए क्रमशः समवेत रूप में कला का पर्यवसान समग्र समाज के असाधु अंग के दमन और साधु अंग के पोषण में होना चाहिए। इस प्रकार वे निवृत्तिमूलक ऐकान्तिक व्यक्तिगत दृष्टिकोण के समर्थक न होकर प्रवृत्ति-मूलक समष्टिगत दृष्टिकोण के समर्थक थे।

काव्यगत आनन्द अपने आप में निषिद्ध नहीं है, काव्य का कलागत महत्त्व एवं आकर्षण, समाज की सिद्धि है, लाभ है। वह निषिद्ध केवल व्यक्त मूल्यों के कारण है। दूसरे शब्दों में प्लेटो ने काव्य के कथन का नहीं, कथ्य का विरोध किया है। यदि अपने समस्त शिल्प एवं अभिव्यंजनागत आकर्षणों को यथावत् बनाए रखते हुए कला की उपयोगिता जीवन के प्रति प्रमाणित हो सके, वह जन-कल्याण की साधना कर सके तो इससे काम्य स्थिति दूसरी नहीं हो सकती।

प्लेटो के सामने प्रश्न पृथक् रूप से कला अथवा विज्ञान का नहीं, मानव-शिक्षा का था। मानव-मात्र को आदर्श शासक एवं आदर्श नागरिक के रूप में शिक्षित

करना वे समस्त साधनों का साध्य मानते थे, और कला एवं विज्ञान दोनों ही इस दृष्टि से, अपने आप में पर्याप्त तथा चरम सिद्धि न होकर एक महत्तर उद्देश्य के साधक थे। शिक्षा के स्वरूप व उद्देश्य के प्रसंग में उन्होंने जो विचार व्यक्त किए हैं, उनके प्रकाश में यवनाचार्य की काव्य-प्रयोजन विषयक धारणा को सरलता से समझा जा सकता है।

प्लेटो मानते थे कि मानव-आत्मा की वृत्ति अनिवार्यतः अनुकरणात्मक है, अतः वह सहज रूप से अपने वातावरण का आत्मीकरण करती है। शिक्षा का उद्देश्य मानव-आत्मा में ज्ञान का निवेश नहीं है बल्कि उसमें निहित सत् प्रकृति का पोषण और विकास है जो उसे उचित विषयों की ओर उन्मुख करने से ही सिद्ध हो सकता है। यह कैसे सम्भव हो? प्लेटो के पास इसका एक ही उत्तर था—मानवात्मा को उन विषयों से घेर लेना जिनमें ऐसे विचार और विशेषताएँ साकार हों, जिनका विकास हम मानवात्मा में करना चाहते हैं। इस प्रकार शिक्षा की समस्या, उचित वातावरण प्रदान करना है।

मानव की अनुकरणात्मक प्रवृत्ति का सबसे प्रबल और प्रत्यक्ष प्रमाण यही है कि दूसरे व्यक्तियों के उदाहरण उसमें तीव्र मानसिक प्रतिक्रिया उत्पन्न करते हैं, अतः मानवात्मा को इष्ट देवताओं के प्रति योग्य धारणा बनाए रखने और महान् व्यक्तियों के सम्बन्ध में चिन्तन का अभ्यासी बनाना चाहिए।

इस उद्देश्य के अनुकूल—प्लेटो द्वारा निर्दिष्ट शिक्षा-पद्धति का आरम्भ ही पौराणिक कथाओं से होता है, जिनका विषय अलौकिक हो क्योंकि वे ही तात्त्विक रूप में सत्य और शिव की व्यंजक होती हैं। ये कहानियाँ यद्यपि काव्य के माध्यम से व्यक्त होती हैं, परन्तु इनका उद्देश्य वही होता है जो अन्ततः मानवात्मा के विवेकयुक्त अध्ययनार्थ प्रस्तुत किया जाता है।

मानव की सहज अनुकरणशील आत्मा, प्रकृत्या स्वयं को अपने वातावरण के अनुकूल ढालती है। हम पुस्तकों का अध्ययन, नाटकों का प्रेक्षण एवं कथाओं का श्रवण करते हैं। ऐसी स्थिति में हम उन पात्रों के अनुकरण का प्रयास करते हैं जिनके प्रति हमारी रुचि जाग्रत होती है। अतः काव्य का वर्ण्य प्लेटो की दृष्टि में क्या होना चाहिए? स्पष्ट है।

प्लेटो ने काव्य-प्रयोजन का प्रश्न पुनः 'गोरगिअस' में उठाया है। समग्र रूप से कलाओं के सम्बन्ध में विचार करते हुए उन्होंने त्रासदी के उद्देश्य के प्रसंग में स्थापना की है कि त्रासदी का एकमात्र प्रयोजन प्रेक्षकों को सुख प्रदान करना ही होता है। सुकरात और कल्लिकेस के मध्य संवाद-रूप में प्रश्नोत्तर की नियोजना करते हुए आचार्य प्लेटो ने प्रश्न उठाया कि क्या त्रासदी का एकमात्र उद्देश्य एवं इच्छा प्रेक्षकों को सुख प्रदान करना होता है, अथवा वह मोहक एवं सुखप्रद परन्तु अनैतिक विषयों का कथन न करके शब्दों एवं गीत के माध्यम से ऐसे सत्य का

आह्वान करती है जो अप्रिय होते हुए भी लाभप्रद होता है, भले ही वह अभिलषित न हो।

और इस प्रश्न के उत्तर में उन्होंने त्रासदी के उद्देश्य का स्पष्ट शब्दों में पुनराख्यान किया कि त्रासदी प्रेक्षक के आनन्द एवं परितोष की ओर उन्मुख होती है। परन्तु इस आनन्द एवं परितोष को आचार्य प्लेटो ने चाटुक्रिया अथवा मिथ्या परितोष कहकर विशिष्ट बना दिया।[48]

इसी प्रसंग को आगे बढ़ाते हुए आचार्य प्लेटो ने बार-बार शब्द-भेद से अपने इसी मत की आवृत्ति की है। काव्य की काव्यता वे शिल्प-निर्भर मानते थे। उसमें उत्पन्न समग्र आकर्षण, सम्मोहन, का निमित्त उन्होंने गीत, लय और छन्द को ही स्वीकार किया था—जैसा पहले स्पष्ट किया जा चुका है। उसका कारण यही था कि वे काव्य में सत्य का प्रवचन स्वीकार नहीं करते। यह आकर्षण उनके अनुसार कथ्य का नहीं होता। शिल्पगत आकर्षणों से वियुक्त कविता उनके मतानुसार भाषण ही होती है और प्रेक्षागृह में उपस्थित कवि—भाषण-कला-विशारद। यह भाषण सभी वर्गों के जन-समुदाय के प्रति उद्दिष्ट रहता है क्योंकि इस भाषण की प्रकृति चाटुक्रिया होती है अतः यह हमारी रुचि के अनुकूल नहीं होता।

प्रत्येक कलाकार कला-सृजन में सुचिन्तित क्रम-विन्यास करता है, उसके विभिन्न भागों की परस्पर सानुरूप तथा सामंजस्यपूर्ण संयोजना से एक नियमित एवं व्यवस्थित इकाई का निर्माण करता है।[49]

यह सामंजस्य और व्यवस्था कला के लिए ही नहीं भवन, पोत आदि वस्तुगत निर्मितियों एवं मानव काया व आत्मा के लिए भी उतनी ही अनिवार्य है। मानव शरीर में यह व्यवस्था एवं सामंजस्य शरीर-सौष्ठव तथा स्वास्थ्य के कारक होते हैं। आत्मा में यह नियमित व्यवस्था नीतिपरायणता के द्वारा उत्पन्न होती है :

"आत्मा की नियमित व्यवस्था और क्रिया को 'नीति सम्मत' एवं 'नीति' नामों से अभिहित किया जाता है, यही मानव को नीतिवान तथा व्यवस्थापालक बनाते हैं : और तभी हमें न्याय और निग्रह की उपलब्धि होती है।"[50]

अतः किसी भी सच्चे एवं ईमानदार भाषणकर्ता का, जो अपनी कला को समझता है, यह सहज उत्तरदायित्व हो जाता है कि वह इन गुणों पर अपनी दृष्टि केन्द्रित रखे। श्रोताओं के प्रति निवेदित अपने वचनों में, अपने समस्त क्रिया-कलापों में और समग्र आदान-प्रदान में उसका लक्ष्य—न्याय, निग्रह और सद्गुणों की प्रतिष्ठा तथा अन्याय, असंयम तथा दुर्गुणों का उच्छेद हो जाता है।[51]

संक्षेप में न्याय, निग्रह और सद्गुणों को आचार्य प्लेटो आत्मा के स्वास्थ्य के लिए अनिवार्य मानते थे। ये सदात्मा के लक्षण हैं। इसलिए जिस प्रकार रुग्ण व्यक्ति की स्वास्थ्य-रक्षा के लिए उसे रुचिकर, स्वादु खाद्य केवल इसलिए नहीं दिया जा सकता, क्योंकि वह उसे प्रीतिकर लगता है। ठीक उसी प्रकार, जब

व्यक्ति की आत्मा अस्वस्थ हो, दुरवस्था में हो, अविवेकी, असंयत, अन्यायपूर्ण एवं अपावन हो, ऐसी स्थिति में उसकी इच्छाओं का नियन्त्रण अनिवार्य है, तथा उसे किसी भी ऐसी क्रिया-प्रवृत्ति से बचाना आवश्यक है, जिससे उसकी आत्मोन्नति न हो। आत्मा का यही उपचार उसके स्वास्थ्य-साधन के लिए उपयुक्त है, उचित है।[52]

अन्ततः आत्मा के लिए निग्रह और शुचिता को काम्य एवं स्वास्थ्यवर्द्धक बताते हुए प्रकारान्तर से प्लेटो ने काव्य को उसका साधक व निमित्त कारण स्वीकार किया।[53] आत्मा को विषय-भोग से विरत रखना ही उसे पवित्र बनाना है। यही जीवन का लक्ष्य है, परम साध्य है और काव्य वही काम्य है जो इस प्रयोजन का साधक हो, अन्यथा वह सर्वथा अग्राह्य है, मिथ्या-परितोष या चाटुक्रिया है, भले ही उसका प्रभाव कितना भी रुचिकर, प्रीतिकर या आह्लादकारी हो। कवि को अपनी समस्त प्रतिभा के बल पर क्या उन सभी विषयों का यथासम्भव वास्तविक रूप में अनुकरण करना चाहिए जो प्रभावोत्पादक और उत्तेजक हों? या उसे स्वयं को देशसेवक मानते हुए ऐसे विषयों का चयन और यथावत् प्रतिरूपण करना चाहिए जिनका सम्बन्ध मानव की महान् और श्रेष्ठ प्रकृति से हो? प्लेटो के सामने यही प्रश्न महत्त्वपूर्ण, एवं इसका एक ही उत्तर था–मानव-प्रकृति का केवल वही अंश जो अपने चरित्र का अंग बनाने योग्य हो, इस प्रकार के गहन और वास्तविक कलात्मक अनुकरण का उचित विषय हो सकता है।

इस प्रकार कला के प्रयोजन-रूप में लोक-हित की प्रतिष्ठा प्लेटो ने अत्यन्त प्रबल एवं निर्भ्रान्त शब्दों में की। एक बात और–कला का इस रूप में निर्माण वे केवल वांछित या कवि के लिए वैकल्पिक नहीं मानते। उन्होंने इस प्रसंग में कुछ आगे चलकर और स्पष्ट किया है कि कलाकार इस कर्तव्य के लिए अपने समाज के प्रति प्रतिबद्ध है, यह उसका दायित्व है। यवनाचार्य के मत में प्रत्येक पदार्थ में सद्गुण–चाहे वह शरीर या आत्मा हो, यंत्र या जीव हो, संयोगजन्य नहीं होते, बल्कि इनका सर्वश्रेष्ठ रूप वह होता है जो व्यवस्था, सत्य एवं कला के द्वारा प्रदत्त हो। प्रत्येक वस्तु की साधुता–क्रमबद्धता एवं विन्यास पर निर्भर रहती है। उचित क्रम-विन्यास ही किसी वस्तु के सद्रूप का निर्मायक होता है। व्यवस्थित आत्मा निश्चय ही अव्यवस्थित आत्मा से श्रेष्ठ होती है। और आत्मा के प्रसंग में व्यवस्था का पर्याय है निग्रह। आत्मा का यह संयमित रूप ही श्रेष्ठ रूप है।[54]

अतः निष्कर्ष रूप में : आत्मा का सद्निर्माण कलाकार का दायित्व है। किसी भी पदार्थ या विषय के सद्गुणों का आधार है–व्यवस्था। आत्मा के प्रसंग में व्यवस्था का अर्थ है निग्रह और आत्मा का यही संयमित रूप श्रेष्ठ है।

आत्मनिग्रह ही मानव को देवताओं एवं सजातियों के प्रति उचित आचरण में समर्थ बनाता है। संयमशील मानव ही उचित आचरण करता है। मानव जाति के

प्रति उसका व्यवहार न्यायपूर्ण होता है और देवताओं के प्रति धर्मप्रवण, और जो न्याय एवं धर्मसम्मत आचरण करता है वह स्वयं न्यायप्रिय तथा धर्मप्रवर होता है।[55]

इस प्रकार प्रत्यक्ष रूप में नहीं पर प्रकारान्तर से आचार्य प्लेटो ने कला को आचरण-संहिता स्वीकार कर लिया। उसे लौकिक और आध्यात्मिक दोनों क्षेत्रों में मानव का मार्ग-दर्शन कर, उसकी आत्मा के सद् अंश का .पोषण करना चाहिए। मानव का चरम लक्ष्य है लोक के निमित्त न्यायपूर्ण और परलोक के निमित्त धर्मसिद्ध आचरण। इसका साधक है आत्मा में सामंजस्य एवं क्रम-व्यवस्था का आधान। व्यवस्था का एक मात्र निमित्त है आत्म-निग्रह। अतएव ज्ञान एवं कला सम्बन्धित समस्त प्रयास जीवन में इसी निग्रह या संयम के साधक व पोषक-रूप में प्रयुक्त होने चाहिए।

काव्य को चरित्र-निर्माण का साधक स्वीकार कर लिया जाए तो सहज प्रश्न उठता है कि मानव-चरित्र पर कला का निश्चित प्रभाव किस रूप में पड़ता है? नैटलशिप के अनुसार प्लेटो ने मानवात्मा पर इस प्रभाव का दो रूपों में वर्णन किया है, एक उसका अपेक्षाकृत नैतिक प्रभाव और दूसरा बौद्धिक प्रभाव। परन्तु प्लेटो की दृष्टि में ये अभिन्न हैं।[56]

यदि ध्यान से देखा जाए तो प्लेटो की दृष्टि में बौद्धिक और नैतिक प्रभाव एक दूसरे के पर्याय या अभिन्न नहीं हैं। वे उनमें साध्य-साधक सम्बन्ध स्वीकार करते हैं। उनकी दृष्टि में आदर्श काव्य वह है जिसका प्रयोजन—विवेक>आत्मनिग्रह> चरित्र निर्माण>सदाचार हो।

मानव-जाति के इस मंगल एवं कल्याण को अन्ततः आचार्य प्लेटो ने आनन्द से अभिन्न कर दिया है। उन्होंने कहा, जो व्यक्ति आनन्दमय जीवन व्यतीत करने का आकांक्षी है उसे निग्रह का सतत अनुगमन और अभ्यास, तथा असंयम से यथासम्भव शीघ्रातिशीघ्र पलायन करना चाहिए।[57]

जैसा पहले भी अनेक रूपों में कहा जा चुका है—प्लेटो ने कल्याण व मंगल की कल्पना और पोषण व्यक्ति रूप में नहीं, समष्टि रूप में ही किया। व्यष्टि का मंगल अन्ततः लोकमंगल पर्यवसायी हो जाता है। अर्थात् व्यक्ति रूप में आत्मसंयम का पालन करते हुए समाज के प्रति न्यायशील व धर्मप्रवण आचरण अन्त में स्व और पर, व्यष्टि और समष्टि दोनों का उपकारक होता है। इसी उद्देश्य की ओर व्यक्तिगत और समवेत शक्तियों का उन्मुखी भाव होना चाहिए। आचार्य प्लेटो ने स्पष्ट घोषणा की कि मानव-जीवन का यही लक्ष्य होना चाहिए, और इसी की ओर उसे व्यक्ति और नगर की समवेत शक्तियों को उन्मुख करना चाहिए। उसके आचरण में संयम और न्याय वर्तमान रहें, वह आनन्दपूर्वक जीवन व्यतीत करे। असंयत विषयासक्ति और उसके परितोष की अमिट लालसा के कष्ट से—जो

जीवन को दस्यु-समान बना सकते हैं—बचा रहे।[58]

यहाँ एक स्थूल परन्तु प्रासंगिक प्रश्न उठाया जा सकता है। कला का प्रभाव भी प्लेटो ने सम्मोहन, आकर्षण, एक शब्द में आनन्दात्मक माना है। यदि वे जीवन के अन्य कर्तव्य-कर्मों को भी अन्ततः आनन्द पर्यवसायी मानते हैं, तो विरोध कहाँ है? दोनों के बीच का अन्तर स्पष्ट है। कलाओं से या काव्य से प्राप्त आनन्द—मिथ्या परितोष, विषयसुख की परितृप्ति का समकक्षी, हीनतर कोटि का आनन्द है—जिसका रूप अगम्भीर मनोरंजन, मज़ेदारी या लज़्ज़त का है। प्लेटो, जीवन में इस आनन्द के नहीं—लोक-कल्याण, परोपकार, आदि कर्तव्यों से प्राप्त होने वाले उदात्त, आत्मानन्द के हामी थे। वस्तुतः आनन्द के दो रूप एक दूसरे के साधक न होकर बाधक हैं। पहले का उन्नयन, एवं दूसरे में पर्यवसान ही जीवन का लक्ष्य हो सकता है।

निष्कर्ष रूप में आचार्य प्लेटो की काव्य-प्रयोजन विषयक मान्यताओं का सार इस प्रकार है :

1. काव्य का प्रमुख एवं अनिवार्य प्रयोजन लोक मंगल होना चाहिए।
2. आनन्द की सिद्धि भी उससे सहज एवं आवश्यक है, किन्तु वह काव्य का गौण व आनुषंगिक प्रयोजन ही हो सकता है।
3. काव्यजन्य आनन्द चाटुक्रिया या मिथ्यापरितोष का पर्याय है।
4. काव्य का आदर्श रूप वह है जिसमें आनन्द व जन-कल्याण का मणिकांचन संगम हो।
5. काव्यानन्द अपने आप में निषिद्ध नहीं है। वह यदि अपने समस्त शिल्प एवं अभिव्यंजनागत आकर्षणों सहित, सत्य और उपयोगिता की आधारभूमि पर स्थित हो, तो समाज के लिए वह काम्य, एवं उसकी उपलब्धि होगा।
6. काव्य का प्रयोजन व्यक्ति-हित न होकर समष्टि-हित है, जिसकी सिद्धि आत्मा की व्यवस्था और स्वास्थ्य-साधना के द्वारा ही सम्भव है।
7. आत्मा में यह व्यवस्था और स्वास्थ्य—न्याय, निग्रह की अवधारणा से निष्पन्न होता है। संयम के द्वारा ही आत्मा के असाधु अंश (अविवेक, अन्याय, असंयम, अपावनता) का दमन व साधु अंश का पोषण होता है।
8. काव्य का चरम लक्ष्य—संयम, विषय-विरति आदि की साधना से आत्मा का संस्कार करना ही है।
9. इस सम्बन्ध में कलाकार के समक्ष कोई विकल्प नहीं है, वह इस कर्तव्य के लिए समाज के प्रति प्रतिबद्ध है। यह उसका दायित्व है।
10. कला लौकिक और आध्यात्मिक दोनों क्षेत्रों में मानव का आचरण सम्बन्धी मार्ग-दर्शन करती है।

विवेचन

स्वदेश और विदेश के आचार्यों ने जिन काव्य-प्रयोजनों की चर्चा की उन्हें मुख्य रूप से दो वर्गों में रखा जाता है : (1) लोक-मंगल (2) आनन्द। इन्हीं दो प्रयोजनों में से एक या दूसरे पर विभिन्न आचार्य शब्द-भेद से बल देते रहे। सन्तुलित विवेकशील दृष्टिकोण के अधिकारी आचार्यों ने इसकी सामंजस्यपूर्ण सिद्धि पर बल दिया। प्लेटो की दृष्टि स्पष्ट रूप से एकांगी है। उन्होंने काव्य का एकमात्र प्रयोजन—ज्ञानार्जन अर्थात् शिक्षा स्वीकार किया है। उल्लेख उन्होंने आनन्द का भी किया है, परन्तु वह उनकी दृष्टि में काव्य का आदर्श नहीं, त्याज्य रूप है। आनन्द के तिरस्कार का कारण यही है कि वे इस आनन्द को अत्यन्त निकृष्ट कोटि का आनन्द मानते थे।

अरस्तू ने सन्तुलित दृष्टि का परिचय देते हुए काव्य के उभय प्रयोजनों की स्वीकृति की। उन्होंने कहा : "...और आरम्भ में वह (मनुष्य) सब कुछ अनुकरण के द्वारा ही **सीखता** है। अनुकृत वस्तु से प्राप्त आनन्द भी कम सार्वभौम नहीं।"[1]

अरस्तू ने दोनों प्रयोजनों की स्वीकृति करके भी उनमें साध्य-साधक सम्बन्ध स्थापित कर दिया। शिक्षा या ज्ञानार्जन को उन्होंने साध्य न मानकर स्पष्ट रूप से आनन्द का साधन माना है :

"इसका कारण यह है कि ज्ञान के अर्जन से अत्यन्त प्रबल आनन्द प्राप्त होता है...अतः किसी प्रतिकृति को देखकर मनुष्य के आह्लादित होने का कारण यह है कि उसका भावन करने में वह कुछ ज्ञान प्राप्त करता है, या निष्कर्ष ग्रहण करता है।"[2]

उक्त उद्धरणों से स्पष्ट है कि अरस्तू काव्य का चरम प्रयोजन आनन्द, और ज्ञानार्जन या शिक्षा को उसका साधन मानते थे। प्लेटो ने दोनों प्रयोजनों का उल्लेख करके भी उनमें साध्य-साधन सम्बन्ध स्वीकार ही नहीं किया था, अतः अरस्तू ने केवल उनके क्रम में विपर्यय किया हो, ऐसा नहीं है। प्लेटो ने जिस आनन्द की चर्चा की है, वह ज्ञानार्जन या शिक्षा का साधन भी हो सकता है, ऐसा उनके लिए अकल्पनीय था। उसे तो वे सर्वथा निकृष्ट कोटि का आनन्द मानते थे, जो उनकी दृष्टि में मिथ्यापरितोष या चाटुक्रिया से अधिक कुछ न था। उनके अनुसार तो काव्य एक ही शर्त पर ग्राह्य हो सकता था कि वह लोक-शिक्षा का साधक हो। ऐसा यदि वह आन्नदप्रद रूप में कर सके, तो आनन्द निषिद्ध नहीं है, बल्कि वह समाज का लाभ भी होगा।

1. अरस्तू का काव्यशास्त्र—डॉ. नगेन्द्र, पृष्ठ 14
2. वही, पृष्ठ 14

काव्य के क्षेत्र से आनन्द के तिरस्कार का मूल कारण प्लेटो द्वारा प्रतिपादित **काव्यानन्द का स्वरूप** ही है। वे इस आनन्द को अलौकिक तो मानते ही नहीं थे। काव्य से प्राप्त आनन्द प्रत्यक्ष ऐन्द्रिय आनन्द भी नहीं हो सकता, क्योंकि वह हमारी पंचेन्द्रियों के स्थूल भोग का विषय न होकर मनरूपी सूक्ष्म इन्द्री के भावन का विषय होता है, अतः यह आनन्द प्रत्यक्ष ऐन्द्रिय आनन्द भी नहीं है। अरस्तू ने इस आनन्द को कल्पनात्मक प्रत्यभिज्ञान का आनन्द स्वीकार किया—जो प्रत्यक्ष ऐन्द्रिय मानसिक अनुभव से सूक्ष्म है।

प्लेटो ने जिस आनन्द की चर्चा की है—वह एक मिश्र अनुभव है। वह एक ओर शिल्प-विधान, कला-कौशल से उत्पन्न चित्त की चमत्कृति है, और दूसरी ओर अवास्तविक, असत्य साधनों के द्वारा, दमित मनोवेगों के भोग का आनन्द है। इस प्रकार प्लेटो के अनुसार काव्य का आनन्द—आध्यात्मिक, प्रत्यक्ष ऐन्द्रिय, बौद्धिक, एवं कल्पनात्मक प्रत्यभिज्ञान से भिन्न, **प्रत्यक्ष ऐन्द्रिय-मानसिक अनुभव** है।

इस आनन्द का स्तर प्लेटो असत्य पर आधारित होने के कारण निश्चय ही निम्न मानते थे। इसे जीवन की विकृतियों के साक्षात्कार से, अथवा अवांछित विषयों के भोग से क्रमशः प्राप्त होने वाले सस्ते मनोरंजन एवं लालसा-तृप्ति के समकक्ष माना जा सकता है। अरस्तू ने भी काव्य के द्वारा मनोवेगों का उत्तेजन स्वीकार किया है किन्तु उनके अनुसार यह प्रभाव केवल उत्तेजन तक सीमित न रहकर विरेचक, अतः प्रमाता के मानसिक स्वास्थ्य का साधक होता है। यह काव्य का सूक्ष्मतर प्रयोजन है। प्लेटो के द्वारा कथित अभुक्त मनोवेगों की परितुष्टि के सिद्धान्त में भावों के परिष्कार अथवा मनः स्वास्थ्य की भावना अन्तर्भूत नहीं है। अतः मनोविज्ञान की दृष्टि से भी प्लेटो काव्य को मानसिक स्वास्थ्य के लिए हानिकारक मानते थे, और अरस्तू मानसिक स्वास्थ्य का साधक।

भारतीय काव्यशास्त्र में वर्णित काव्य-प्रयोजनों में तो प्लेटो के मत की समानता ढूँढ़ना ही व्यर्थ होगा। काव्य-प्रयोजनों में जीवन के पुरुषार्थ चतुष्टय की परिगणना कर भारतीय आचार्यों ने काव्य को उत्कर्ष के चरम शिखर तक पहुँचा दिया। उधर उससे उपलब्ध आनन्द की स्वरूप-व्याख्या करते हुए उसे ब्रह्मास्वादसहोदर कहकर आध्यात्मिक आनन्द का समकक्षी बना दिया, और कान्तासम्मित उपदेश की चर्चा कर प्रीतिपूर्वक शिक्षा को भी काव्य-प्रयोजनों में अन्तर्भूत कर लिया। इस प्रकार जीवन की सिद्धि काव्य-सिद्धि बन गई। प्रमाता की दृष्टि से काव्य के प्रयोजनों में, शिक्षा और आनन्द का ही सर्वोपरि महत्त्व कहा जाएगा, और इनमें भी आनन्द 'सकलप्रयोजनमौलिभूत' है।

प्रश्न उठाया जा सकता है कि प्लेटो भी तो शिक्षा, व्यवहारज्ञान को काव्य का चरम प्रयोजन मानते थे, और शिक्षा के प्रीतिकर स्वरूप की चर्चा करके उन्होंने

आनन्द की भी अपेक्षा की। अतः प्रीतिपूर्वक शिक्षा क्या उनके अनुसार भी काव्य का उद्देश्य नहीं हो गया? दोनों दृष्टिकोणों का अन्तर स्पष्ट है। भारतीय मनीषी रागात्मक आनन्द को और इसके विपरीत प्लेटो लोक-शिक्षा को काव्य-प्रयोजनों में सर्वोपरि महत्ता देते रहे। आनन्द की स्वीकृति तो उन्होंने केवल काव्य को सहज-ग्राह्य बनाने के लिए की। दूसरे, प्लेटो ने जिस आनन्द की चर्चा की, वह शिल्पगत कौशल से प्रेरित चमत्कृति का आनन्द है, काव्यवस्तु के भावन से उपलब्ध रागात्मक आनन्द नहीं। शैली के प्रसाधनों के कलात्मक सौन्दर्य से, बाह्य रूपाकर्षण से लुब्ध, मन की वाहवाही इसकी प्रतिक्रिया है, काव्य-वस्तु के भावगत सौन्दर्य में चित्तवृत्ति के रमण से उत्पन्न तन्मयता या आत्मलीनता नहीं। भारतीय रस-शास्त्री काव्य-सृजन और काव्यास्वाद दोनों को ही सघन भावात्मक प्रक्रिया और प्रतिक्रिया मानते हैं। काव्य-सृजन के निमित्त उसकी प्रेरक काव्यवस्तु रागात्मक होती है, और काव्य कवि के मनोराग की चरम उद्दीप्ति का परिणाम होता है। प्रमाता के पक्ष में—काव्य में निबद्ध कवि की यह अनुभूति सहृदय के मन में भी प्रेक्षण या श्रवण से स्थायी भाव की उद्‌बुद्धि कर रागात्मक प्रतिक्रिया जगाती है, जो अन्ततः अखण्ड आनन्दमयी रस-चेतना के रूप में आस्वाद्य होती है। इसके विपरीत, प्लेटो का कवि केवल बाह्य निरीक्षण के बल पर अनुकरण कर देता है और प्रमाता उसके कौशल से चमत्कृत हो, आनन्द-लाभ करता है। यह आनन्द मन का रागात्मक आनन्द नहीं, मनोरंजन है, जिसमें चमत्कारजन्य विस्मय का भाव अधिक रहता है। स्पष्ट है इस आनन्द के उपभोग के लिए प्रमाता की सहृदयता की अपेक्षा नहीं। इसमें व्यक्ति-तत्त्व इस अर्थ में न्यून है कि वह अधिक वस्तु-निर्भर है। काव्य-शिल्प के सौन्दर्य से चमत्कृत कोई भी व्यक्ति आनन्दानुभूति कर सकता है, उसके लिए विशेष संवेदनशील अथवा सहृदय होने की आवश्यकता नहीं।

इस दृष्टि से प्लेटो और भारतीय आचार्यों के मत में साम्य ढूँढ़ा जा सकता है कि दोनों ही काव्यानन्द को आध्यात्मिक नहीं मानते, बौद्धिक भी नहीं मानते, और काव्यानन्द प्रकृत भोग के आनन्द से तो भिन्न है ही।

प्लेटो की आनन्द-कल्पना इस दृष्टि से अरस्तू की अपेक्षा भारतीय रस-कल्पना के अधिक निकट कही जा सकती है कि अरस्तू का काव्यानन्द कल्पनात्मक प्रत्यभिज्ञान का आनन्द है। यह अनुकरणजन्य आनन्द है। देखी हुई वस्तु को पहचानने का आनन्द है, अतः अधिक कल्पना-निर्भर है। प्लेटो का आनन्द कला-कौशल से मुग्ध होने का आनन्द है, काव्य के वर्ण्य से उद्दीप्त संवेगों के भोग का आनन्द है, अतः अपेक्षाकृत अधिक प्रत्यक्ष एवं रागात्मक है।

भारतीय रस-कल्पना से प्लेटो की आनन्द-कल्पना का वैषम्य, आनन्द से अधिक लोकशिक्षा को महत्त्व देने में, तथा काव्यानन्द के स्वरूप-निरूपण में ही है।

इसके अतिरिक्त भारतीय रस में रसानुभूति जितनी वस्तु निर्भर है, उससे अधिक उसमें व्यक्ति-तत्त्व की प्रधानता है। भारतीय काव्यशास्त्र के अनुसार प्रमाता वर्ण्य से उद्‌बुद्ध अपनी ही अनुभूति का आस्वादन करता है, और प्लेटो के अनुसार काव्य के शिल्पगत सौन्दर्य से मुग्ध होकर प्रमाता वास्तविकता के भुलावे में आ जाता है और इस कारीगरी (कलागत) से आह्लादित होता है। इस प्रकार उसके मिथ्यापरितोष में वस्तु-तत्त्व अधिक महत्त्वपूर्ण हो जाता है।

काव्य और नैतिकता

काव्य और नैतिकता का पारस्परिक सम्बन्ध काव्यगत मूल्यों का प्रश्न है और पश्चिम एवं भारत के आचार्यों ने आरम्भ से ही इस पर प्रत्यक्ष या प्रासंगिक रूप में विचार किया है। नैतिकता का सम्बन्ध जीवन से है, तथा काव्य में उसकी स्वीकृति स्वस्थ जीवन-दृष्टि का परिचायक है। परन्तु नैतिक दृष्टि से परिबद्ध जीवन का ग्रहण काव्य की प्रथम नहीं, दूसरी आवश्यकता है। प्राचीन मनीषियों ने आनन्दवादी एवं उपयोगितावादी मूल्यों की स्वीकृति काव्य में साध्य-साधक सम्बन्ध से की। विशेषकर भारतीय आचर्यों को इनमें परस्पर विरोध भासित नहीं हुआ, ठीक यही बात अरस्तू के सम्बन्ध में सत्य है। परन्तु पश्चिम के आलोचकों में कलावादी और उपयोगितावादी जीवन-दृष्टि को लेकर जो दलबन्दी बाद में हुई उसमें से नैतिक भावना का परितोष सत्काव्य का लक्ष्य मानने वाली परम्परा का आरम्भ प्लेटो से ही मानना होगा। जिस प्रकार अनैतिक आनन्द की परिकल्पना अस्वस्थ जीवन-दृष्टि की परिचायक है, उसी प्रकार निरानन्द नैतिक भावना का परितोष काव्य के रागात्मक प्रभाव का निषेध है। जीवन में स्वास्थ्य का समर्थन करने वाले आचार्य प्लेटो की दृष्टि में नैतिक बुद्धि का परितोष ही समस्त शैक्षिक एवं कलात्मक प्रयत्नों का लक्ष्य हो सकता था।

आचार्य प्लेटो के सम्बन्ध में सामान्यतः यह धारणा प्रचलित है कि नैतिक मूल्यों से आक्रान्त उनकी दृष्टि काव्य से आनन्द का बहिष्कार करती रही परन्तु बात ऐसी है नहीं। प्लेटो के तद्‌विषयक मत में दो बातें सर्वथा स्पष्ट हैं (1) नैतिक मूल्यों की प्रतिष्ठा उन्होंने काव्य में यथार्थवादी दृष्टिकोण से नहीं, आदर्शवादी दृष्टि से की थी।

(2) काव्य में नैतिकता को सर्वोपरि महत्ता देने पर भी आनन्द का निषेध या बहिष्कार उन्होंने नहीं किया।

अपनी बात का विवेचन करें—नैतिक मूल्यों की अवमानना के आधार पर ही आचार्य प्लेटो ने काव्य का निषेध किया था, अतः यह स्पष्ट है कि उपलब्ध काव्य-राशि में ऐसे साहित्य का अभाव रहा होगा जिसका स्वर नैतिक हो, इसीलिए उन्होंने काव्य को आदर्श गणतन्त्र में प्रवेश की अनुमति इसी शर्त पर दी कि

कविता की वकालत करके कोई यह प्रमाणित कर सके कि "कविता केवल आनन्ददायिनी ही नहीं है बल्कि राष्ट्र एवं मानव जीवन के लिए उपयोगी भी है।"

प्लेटो का विवेचन अनुगम विधि पर आश्रित था, अतः उपर्युक्त कथन से यह बात स्पष्ट है कि (1) पूर्ववर्ती एवं समसामयिक काव्य में आनन्ददायी मूल्यों की प्रतिष्ठा थी (2) नैतिक मूल्यों की स्थापना या अनिवार्यता का निर्देश उन्होंने काव्य के आदर्शरूप के निमित्त, अतः सम्भाव्यता के रूप में ही किया। (3) जीवन के लिए कविता की उपयोगिता को अधिक महत्त्व देते हुए भी आनन्द का निषेध उन्होंने नहीं किया।

नैतिकता या आनन्द में से काव्य का चरम मूल्य क्या है, अथवा दोनों में से अधिक महत्त्व किसका है? यदि यह निर्णय करना हो तो इस सम्बन्ध में आचार्य प्लेटो की दृष्टि सर्वथा निर्भ्रान्त है। यदि चयन करना हो तो उनका मत निश्चय ही नैतिकता के पक्ष में है, जिसका एक कारण है—उन्होंने काव्य से प्राप्त होने वाले आनन्द की कोटि स्थिर की। उसे मिथ्यापरितोष एवं चाटुक्रिया आदि विशेषणों से अभिहित किया। जिस प्रयास में न्याय, निग्रह आदि सद्गुणों की प्रतिष्ठा न हो, जो आत्मा के स्वास्थ्य का साधक न हो, वह अपने समस्त आकर्षण, चाटुक्रिया, मिथ्यापरितोष के सहित भी अग्राह्य है, अरुचिकर है। आशय यह है कि नैतिक भावना से विहीन परितोष को वे मिथ्या या चाटु मानते हैं, और इस प्रकार सत्काव्य से प्राप्त आनन्द में नैतिक भावना का परितोष अप्रत्यक्ष रूप से निहित रहता है। काव्य जब तक मानवात्मा में व्यवस्था>आत्मनिग्रह>सदाचरण>धर्माचरण का साधक न हो, तब तक अग्राह्य है। आचार्य अरस्तू ने कलात्मक सृष्टि के लिए अनैतिकता का पूर्णतः निषेध नहीं किया। यदि किसी आन्तरिक उद्देश्य की सिद्धि के लिए काव्य में उसका समावेश हो, तो उसकी उपेक्षा की जा सकती है। इसका स्पष्ट अभिप्राय है कि अरस्तू नैतिक मूल्यों को कलागत मूल्यों से पृथक् मानते थे। इसके विपरीत प्लेटो को नैतिक मूल्यों से मुक्त काव्य की कल्पना ही अग्राह्य है। वे ऐसे प्रयास की मुक्त कण्ठ से भर्त्सना करते हैं। काव्य में अनाकर्षण क्षम्य हो सकता है, अनैतिकता नहीं।

प्लेटो की, बल्कि यूनान के सम्पूर्ण प्राचीन नीति-दर्शन की एक विशेषता है। आधुनिक नीति-शास्त्र से प्राचीन की तुलना करने पर यह भेद अत्यन्त स्पष्ट हो जाता है कि उन्होंने ज्ञान पर विशेष बल देते हुए, बुद्धि को अत्यधिक महत्त्व दिया। यूनानियों के तद्विषयक विवेचन में बुद्धिविषयक पारिभाषिक शब्दावली का बहुधा प्रयोग एवं पुनरावर्तन किया जाता है। विवेक या बुद्धिविषयक उनकी धारणा उत्तम से सम्बद्ध है। विवेक, मानवीय नैतिक जीवन का अनुबन्ध है, क्योंकि ग्रीक चिन्तकों के अनुसार विवेक के द्वारा ही मानव परहितकारी जीवन-यापन में समर्थ होता है। आज के दर्शन में 'आत्मा', 'आत्मिक' अथवा 'आदर्श' आदि शब्दों से जो

अर्थ-व्यंजना की जाती है वही वे विचारक, विवेक या बुद्धि सम्बन्धी शब्दों से करते थे। जिस व्यक्ति को आधुनिक शब्दावली में धार्मिक कहा जाएगा, उसे वे विवेकी कहते थे। इस प्रकार यूनानी नीति-दर्शन गहन बौद्धिक दर्शन है, और प्लेटो के विवेचन में विशेष रूप से नीति और विज्ञान अभिन्न हो गए हैं।[59]

प्लेटो का (कुछ दूर तक अरस्तू का भी) नीति और विज्ञान सम्बन्धी दृष्टिकोण, मीमांसक (टीलिओलॉजिकल) का है। बुद्धिमत्ता और सद्वृत्ति का प्रयोग उनकी रचनाओं में परस्पर सम्बद्ध धारणाओं के रूप में हुआ है। जहाँ बुद्धिमत्ता होगी, वहीं उसका लक्ष्य शिव-साधना होगी।

यह हेतुविद्या अथवा मीमांसक दृष्टि—सभी तत्त्वों, पदार्थों और कार्य-व्यापारों में निश्चित उपयोगिता, लक्ष्य एवं सदोद्देश्य का साक्षात्कार करती है। ज्ञान और विवेक सदाचरण का हेतु है, अतः प्लेटो के मतानुसार नीति और ज्ञान का घनिष्ठ सम्बन्ध है।[60]

अब तक प्रस्तुत मन्तव्य से भ्रम हो सकता है कि प्लेटो एकान्त नैतिकता के पोषक थे। वस्तुतः ऐसा नहीं है। वे आनन्द, मनोरंजन के भी उतने ही समर्थक थे। विरोध उन्होंने केवल अनैतिक मनोरंजन, उन्हीं के शब्दों में 'मिथ्यापरितोष' का किया है। प्लेटो ने 'फ़िलेब्स' में दो जीवन-दृष्टियों की चर्चा की है। एक मनोरंजन (प्लेज़र) को जीवन का चरम लक्ष्य मानकर यह स्वीकार करती है कि हम मनोरंजन तथा आनन्दानुभूति की ही वांछा करते हैं और दूसरी बुद्धिमत्ता को महत्त्व देकर वस्तुओं के बोध को चरम लक्ष्य मानती है। प्लेटो ने दोनों की परिसीमाओं की ओर संकेत किया है। जो आनन्दानुभूति को जीवन का एकमात्र ध्येय मानते हैं, वे भी साधु-असाधु में आनन्द के निमित्त भेद करने के लिए बाध्य हैं, अतः मनोरंजन से इतर मूल्यों, मानदण्डों को प्रश्रय देते हैं। इसी प्रकार जो ज्ञान को ही श्रेष्ठ मानते हैं, उनके सामने भी प्रश्न उठता है ज्ञान किसका? और इसका एकमात्र उत्तर है—श्रेष्ठ का, सत् का। इस प्रकार दोनों के लिए ही अच्छे बुरे का विवेक अनिवार्य है। जो आनन्द, या मनोरंजन इस विवेक से सम्पन्न है, वह प्लेटो की दृष्टि में गर्हित नहीं, परन्तु इस विवेक का आधार—बोध, ज्ञान, बुद्धिमत्ता ही है, इसलिए प्लेटो ने आद्यन्त बुद्धि-तत्त्व को सर्वोपरि महत्त्व देकर, नैतिकता से उसे अभिन्न कर दिया। वे जीवन की चरम आवश्यकता—अच्छे-बुरे का बोध उनमें व्यावर्तन की क्षमता, और इस विवेक से पुष्ट नैतिक दृष्टि को ही मानते थे।

मनोरंजन या प्लेज़र से उनका विरोध यही है कि उनके अनुसार भोगलिप्सा ही हमारी विवेक-बुद्धि के क्षय का कारण है, अतः शिक्षा का उद्देश्य अन्धी आँखों को दृष्टि देना नहीं, बल्कि उन्हें अन्धकार से प्रकाशोन्मुख करना है। वह हमारी आत्मा को आलोकित नहीं करती केवल उसका दिशा-परिवर्तन करती है। अर्थात्, अध्यात्म के क्षेत्र में आत्मा के परिष्कार, उन्नयन की यह साधना, यह उन्मुखी भाव,

व्यावहारिक जीवन में सदाचरण, धर्माचरण के रूप में प्रतिफलित होता है। इसी ओर जीवन के समग्र प्रयास—वैज्ञानिक और कलात्मक, प्रयत्नवान होने चाहिए, और काव्य इसका अपवाद नहीं हो सकता। नैतिकता और काव्य का सम्बन्ध, साध्य-साधन का है।

काव्यगत नैतिक मूल्यों की अनिवार्यता पर अतिशय बल देने का परिणाम यह हुआ कि उन्हीं के शिष्य आचार्य अरस्तू की दृष्टि इस प्रसंग में सर्वथा निर्भ्रान्त और द्विधा-रहित हो गई। एक ओर प्लेटो ने काव्य का चरम मूल्य नैतिकता को माना और दूसरी ओर अरस्तू ने उससे उपलब्ध होने वाले विशिष्ट आनन्द को सर्वोपरि महत्त्व दिया। इस प्रकार दोनों दृष्टियों में प्रत्यक्ष विरोध भासित होता है। वस्तुतः ऐसा है नहीं। दोनों दृष्टियाँ एक ही रेखा के दो बिन्दुओं से चलकर एक मध्य बिन्दु पर आकर मिल जाती हैं। अरस्तू आनन्द से आरम्भ करके नैतिक भावना का परितोष उसकी आनुषंगिक आवश्यकता घोषित कर देते हैं, और प्लेटो नैतिक भावना की परितुष्टि को, काव्य का चरम मूल्य मानकर भी उसे निरानन्द नहीं मानते। यही वह बिन्दु है जहाँ उनके दृष्टि-विरोध का क्षय हो जाता है। अरस्तू भी सत्काव्य के प्रभाव में नैतिक भावना का परितोष अप्रत्यक्ष रूप से निहित मानते हैं, अन्तर बलाबल का है। अरस्तू की दृष्टि इस प्रसंग में प्लेटो की अपेक्षा उदार थी। उन्होंने अनैतिकता को कलात्मक सृष्टि के लिए यद्यपि किसी प्रकार प्रोत्साहित नहीं किया, फिर भी उसका एकान्त वर्णन भी उनका अभिप्रेत न था। इस सम्बन्ध में अरस्तू की दृष्टि संतुलित थी। "निरुद्देश्य असंगति तथा अनैतिक आचरण की उन्होंने स्पष्ट शब्दों में भर्त्सना की है" (देखिए अरस्तू का काव्यशास्त्र—भूमिका पृष्ठ 48 तथा काव्यशास्त्र, पृ. 72) परन्तु साथ ही उनके उक्त मत से स्पष्ट है कि यदि किसी प्रकार की असंगति तथा अनैतिक तत्त्व काव्य में सोद्देश्य (कलात्मक उद्देश्य का साधक) हो तो ऐसी स्थिति में क्षम्य हो सकता है। वास्तव में अरस्तू काव्य की आदर्श परिणति, नैतिक भावना को परितुष्ट करने वाले कलात्मक प्रभाव में ही मानते थे। अरस्तू की दृष्टि में सामान्यतः नैतिक मूल्यों और कलात्मक मूल्यों में कोई विरोध नहीं होना चाहिए परन्तु अपवाद के रूप में उनके सामने यदि कोई वैकल्पिक स्थिति प्रस्तुत हो तो उनका मत कलागत मूल्यों के पक्ष में ही होगा। आदर्श काव्य की धारणा का निरूपण उन्होंने कलागत और नैतिक मूल्यों के मध्य सामंजस्य-स्थापन में ही किया, परन्तु विरोध की स्थिति में कलात्मक मूल्यों का वरण किया। उनकी दृष्टि में उत्कृष्ट कला-सृष्टि, नैतिक मूल्यों के अभाव में भी ग्राह्य है।

प्लेटो की दृष्टि भी इस सम्बन्ध में द्विधाहीन थी, परन्तु उन्होंने अरस्तू की तुलना में कट्टरता का ही परिचय दिया। वे समस्त कलाओं का अन्तिम लक्ष्य शिक्षा को मानते थे, और यह शिक्षा उनकी दृष्टि में निरानन्द हो सकती थी,

अनैतिक नहीं। इस सम्बन्ध में प्लेटो के मन में कोई विकल्प नहीं था। कलाओं द्वारा शिवत्व-साधन जीवन में स्वास्थ्य के लिए और आनन्दानुभूति ग्राह्यता के लिए अनिवार्य है कला का उत्कृष्ट रूप वही है जहाँ लोक-मंगल की साधना कान्तासम्मित रूप में की जाय। प्लेटो भी कला के उपर्युक्त रूप के ही समर्थक थे, किन्तु समसामयिक वस्तु-तथ्य के साक्षात्कार से उन्हें उसकी आनन्दात्मकता में तो नहीं, परन्तु नीति-सम्मत रूप में सन्देह उत्पन्न हो गया था। इसी ऐतिहासिक कारण से प्रेरित होकर उन्होंने अत्यन्त प्रबल शब्दों में नैतिक मूल्यों की प्रतिष्ठा की। प्लेटो के मन में आशंका थी कि काव्य का स्खलन अगम्भीर, छिछले मनोरंजन में न हो जाए, अतः उन्होंने नैतिक मूल्यों को उसकी प्राथमिक आवश्यकता घोषित किया। इसके ठीक विपरीत अरस्तू ने कलागत और नैतिक मूल्यों के प्रकट भेद को स्वीकार करते हुए काव्य का वास्तविक उद्देश्य विशिष्ट प्रकार के आनन्द की सिद्धि को माना।

विवेचन

काव्यशास्त्र सम्बन्धी अन्य प्रश्नों की भाँति प्लेटो ने इस प्रसंग में भी पक्षधर दृष्टि का परिचय दिया। काव्यगत मूल्यों का प्रश्न काव्य में व्याप्त सौन्दर्य-चेतना एवं उसकी सोद्देश्यता का प्रश्न है। पश्चिम में इस विवाद का सूत्रपात प्लेटो से भी पहले हो चुका था। दर्शन और काव्य के बीच चलने वाला यह विवाद प्लेटो ने पूर्व-परम्परा से ग्रहण किया। प्लेटो से पूर्व एरिस्तोफनेस की रचनाओं में इस विवाद को वाणी मिली है। उनकी 'फ्राग्स' नामक व्यंग्यकामदी में नियोजित एक संवाद में कला के लिए सत्य, शिक्षा, चरित्र-सुधार, राष्ट्र-सेवा आदि की कसौटियाँ प्रस्तुत की गई हैं।

प्लेटो ने इस पूर्व-प्रचलित धारणा पर बल दिया। कविता की विगर्हणा उन्होंने इसी आधार पर की कि उनके अनुसार कविता शिव और सत्य की कसौटी पर पूरी नहीं उतरती। जैसा पहले भी कहा जा चुका है—प्लेटो के सामने आदर्श राज्य, उसके आदर्श शासकों और नागरिकों के लिए नियम-विधान की समस्या थी। जीवन के समग्र शैक्षिक और कलात्मक प्रयासों की सार्थकता वे इसी लक्ष्य की सिद्धि में मानते थे। इसी आधार पर उन्होंने कवि को सुशासित राज्य से निष्कासित करने का प्रस्ताव रखा कि वह सत्य और शिव की साधना में असमर्थ होता है और इसी शर्त पर उसे पुनः प्रवेश की अनुमति दी कि उसकी ओर से कोई यह सिद्ध कर सके कि कविता मनोरंजक होने के साथ उपयोगी भी है। इस प्रकार उन्होंने

---

1. देखिए अरस्तू का काव्यशास्त्र—डा. नगेन्द्र, पृष्ठ 49 (भूमिका)

नैतिक मूल्यों को एक बार ही कला के क्षेत्र में सुदृढ़ आसन पर प्रतिष्ठित कर दिया।

ध्यान से देखें तो यह प्रश्न परोक्ष रूप में काव्य के तत्त्वों से भी सम्बद्ध है। काव्य के बहु-स्वीकृत प्रमुख तत्त्वों—भाव, बुद्धि और कल्पना में से भाव या अनुभूति की अपेक्षाकृत महत्ता भी स्वीकृत एवं व्यवहार-सिद्ध है। काव्य का सम्प्रेषण मानव-मन के राग-तत्त्व के प्रति, एवं नीतिशास्त्र का विवेक के प्रति होता है। कलाएँ अनुभूति-ग्राह्य होती हैं और शास्त्र बुद्धि-ग्राह्य। अतः काव्य में नैतिक मूल्यों की सर्वोपरि महत्त्व-प्रतिष्ठा और आनन्दवादी मूल्यों का निषेध काव्य में बुद्धि-तत्त्व की प्रतिष्ठा और भाव-तत्त्व का तिरस्कार ही है। यही प्लेटो का अभीष्ट भी था। उन्होंने काव्य की गर्हणा इसी कारण मुख्यतः की, कि वह मानव-मन के असाधु पक्ष (आवेग) का उद्बोधन और पोषण करता है एवं साधु पक्ष (विवेक) का क्षय करता है। काव्य के प्रभाव का विवेचन करते हुए जैसे पहले भी स्पष्ट किया जा चुका है मानव की अन्तःप्रकृति का यह विभाजन किसी भी दृष्टि से आत्यंतिक एवं मान्य नहीं हो सकता। काव्य की सिद्धि सौन्दर्य-सृष्टि के द्वारा मनःप्रसादन है—ऐसा प्लेटो नहीं मानते। वे उसका एकमात्र प्रयोजन मांगलिक मूल्यों की प्रतिष्ठा स्वीकार करते हैं, यदि साधन रूप में, या आनुषंगिक रूप में आनन्द-सिद्धि भी उससे हो जाय तो काम्य ही है।

प्लेटो ने काव्य के समर्थकों का आह्वान करते हुए उन्हें चुनौती दी थी कि वे काव्य की आनन्दरूपता के साथ उपयोगिता भी सिद्ध कर सकें तो कवि को राज्य-प्रवेश की अनुमति दी जा सकती है। अरस्तू ने कदाचित् इसी से प्रेरित होकर अपने काव्यशास्त्र में प्रतिपादित करने की चेष्टा की कि काव्य का सत्य भव्यतर होता है एवं शिव पक्ष भी उसमें उपेक्षित नहीं रहता।

अरस्तू की यह स्थापना इस विवाद का अन्त न कर सकी। उनके उपरान्त भी यूरोप के काव्यशास्त्र में काव्यगत नैतिक मूल्यों के प्रश्न पर निरन्तर विवाद होता रहा और क्रमशः शिव और सौन्दर्य के प्रश्न को लेकर वहाँ विचारकों के अनेक वर्ग-उपवर्ग बन गए। प्लेटो की परम्परा में, नैतिकता को काव्य का एकमात्र आधार मानने वाले आलोचकों का आविर्भाव, प्राचीनों में ही हो गया। होरेस ने प्राचीनों में, सत्रहवीं शताब्दी में मिल्टन आदि ने, और उन्नीसवीं शताब्दी में रस्किन और टॉलस्टॉय ने अत्यन्त प्रबल शब्दों में काव्य में नैतिक मूल्यों की प्रतिष्ठा की। इस धारा को मार्क्स के अनुयायियों—काडवेल आदि प्रगतिशील आलोचकों से विशेष समर्थन और बल मिला। अधिक से अधिक संख्या में जन-समाज की हितकामना करने वाले समाजवादी जीवन-दर्शन की दृष्टि में कला का उद्देश्य इससे भिन्न क्या हो सकता था? उनकी दृष्टि में काव्य की अन्तिम कसौटी जनहित ही है—और 'जन-जीवन के लिए उपयोगी तथा सामाजिक चेतना के विकास में सहायक तत्त्व ही काव्य के सच्चे मान हैं।'

डा. नगेन्द्र ने इस नीतिवादी वर्ग के अन्तर्गत तीन उपवर्ग स्वीकार किए हैं: (1) जो काव्य में रूढ़ अर्थ में सदाचार अर्थात् धर्माधर्म पर आश्रित नैतिक मूल्यों की प्रतिष्ठा करता है–रस्किन आदि। (2) जो मानव के सुख-दुख, शक्ति और दुर्बलता पर आश्रित करुणामूलक मानवीय मूल्यों को ग्रहण करता है, जैसे टॉलस्टॉय आदि। (3) जो मानव-समाज के भौतिक उत्कर्ष के साधक सामाजिक मूल्यों को प्रमाण मानता है–काडवेल आदि।[1] प्लेटो का स्थान उपर्युक्त वर्गों में से प्रथम के अन्तर्गत आता है। उनके समय में न तो टॉलस्टॉय द्वारा प्रतिपादित मानवतावादी जीवन-दृष्टि का ही उन्मेष हुआ था और न ही मार्क्स की समाजवादी दृष्टि का। किसी न किसी रूप में काव्य में शिव तत्त्व की सर्वोपरि महत्त्व-प्रतिष्ठा इन सभी आचार्यों ने की।

काव्य में आनन्दवादी मूल्यों की प्रतिष्ठा करने वाले आचार्यों के भी डा. नगेन्द्र ने दो वर्ग माने हैं। एक उन आलोचकों का जो काव्य में नैतिक मूल्यों को सर्वथा अस्वीकार करते हैं और 'कला, कला के लिए' सिद्धान्त का प्रतिपादन करते हैं। इस वर्ग के अन्तर्गत उन्होंने–पेटर ह्विसलर, ऑस्कर वाइल्ड, ब्रेडले, क्लाइव बेल आदि को स्थान दिया है। दूसरा उपवर्ग उन्होंने उन रोमानी आलोचकों का माना है जो आनन्द को काव्य का एकमात्र या प्रमुख प्रयोजन मानते हैं। इस वर्ग में–शिलर, कॉलरिज, शैले आदि आते हैं।[2]

इन दोनों वर्गों में भेद-निरूपण डा. नगेन्द्र ने इस आधार पर किया है कि पहले वर्ग के आलोचक काव्य अथवा कला को स्वयं अपना उद्देश्य मानते हैं। कला के माध्यम से सौन्दर्य-सृष्टि अपने आप में पर्याप्त है, इसके अतिरिक्त किसी नैतिक या अन्य प्रयोजन की सिद्धि उसके लिए अप्रासंगिक है। इससे भिन्न दूसरे वर्ग के आलोचकों ने कला के प्रयोजन का स्पष्ट उल्लेख किया है। सौन्दर्य की सृष्टि दोनों ही मानते हैं परन्तु एक निष्प्रयोजन और दूसरे सप्रयोजन। प्रथम वर्ग के (कलावादी) आलोचकों से इनमें भेद यही है कि इन्होंने स्पष्ट रूप में आनन्द को कला का प्रयोजन घोषित किया है। आनन्द को ये आलोचक काव्य का चरम उद्देश्य और परम प्राप्य मानते हैं। एक बात इन दोनों ही उपवर्गों में समान है–दोनों ने साग्रह नैतिक मूल्यों का खण्डन करते हुए उनकी वहीं तक स्वीकृति की है जहाँ तक वे काव्य-सृजन में, सौन्दर्य-सृष्टि अथवा आनन्दोपलब्धि में बाधक न होकर साधक हों। काव्य इस प्रकार नीति-विरोधी नहीं, किन्तु नीति-निर्भर भी नहीं है।

---

1. अरस्तू का काव्यशास्त्र–डा. नगेन्द्र–भूमिका, पृष्ठ 50
2. वही, पृष्ठ 50-51

इन दोनों उपवर्गों में मतभेद की अपेक्षा शब्द-भेद ही अधिक है। मानव-कृत किसी भी कलात्मक सृष्टि को सर्वथा निष्प्रयोजन कहना शब्द-छल ही है। यदि कर्त्ता को भी किसी प्रकार की वस्तुगत या आत्मगत लब्धि नहीं होती तो वह सृजन में प्रवृत्त ही क्यों होगा? जब ये आलोचक यह कहते हैं कि कला-सृष्टि अपने आप में सिद्धि है तो स्पष्ट ही उसमें सृजन के फलस्वरूप उपलब्ध आत्मतोष के भाव का सहज अन्तर्भाव है। यदि कलाकार की सिद्धि इतनी भी नहीं, तो उसकी कला-सृजन-प्रवृत्ति की तर्कसम्मत व्याख्या कैसे की जाए? नैतिक प्रयोजनों की पूर्ति उसके लिए अप्रासंगिक हो सकती है परन्तु सृजन से उपलब्ध होने वाले आत्माभिव्यक्ति के आनन्द का निषेध सृजन-प्रक्रिया के क्षेत्र से कैसे किया जा सकता है?

ठीक यही बात पाठक के सम्बन्ध में चरितार्थ होती है। एक बार कला के क्षेत्र से नैतिक प्रयोजनों का बहिष्कार कर देने पर उसकी प्रयोजनीयता सिद्ध करनी और भी आवश्यक हो जाती है। कलावादियों के अनुसार सामान्य लोक-नियम एवं रीति-नीति की शिक्षा तो काव्य का उद्देश्य कदापि नहीं है। यदि उसका उद्देश्य अपनी सृष्टि के साथ ही समाप्त हो जाता है, तो प्रमाता की प्रवृत्ति उसमें क्यों होगी? काव्य के स्वतन्त्र एवं निराले संसार में प्रवेश करने का पाठक की दृष्टि से कोई उद्देश्य होना ही चाहिए। और जब यह उद्देश्य नैतिक नहीं है, तो आनन्द के अतिरिक्त और क्या हो सकता है। कोई अन्य वस्तुगत स्थूल उपलब्धि तो उसे तत्काल होती नहीं, यह व्यवहारसिद्ध है।

इस प्रकार सूक्ष्म दृष्टि से देखा जाए तो इन सिद्धान्तों में मतभेद की अपेक्षा शब्द-भेद ही है। एक बार सौन्दर्य-सृष्टि को काव्य की सिद्धि स्वीकार कर लेने पर उससे प्राप्त होने वाला आनन्द स्वयंसिद्ध हो जाता है। आनन्दवादी सिद्धान्त का यह केवल और अधिक सूक्ष्म, अभावात्मक प्रतिपादन है। आनन्दवादी जहाँ स्पष्ट रूप से काव्य-सृजन और आस्वाद दोनों को मन की भावात्मक स्थिति स्वीकार करते हैं, ये आलोचक उसकी परोक्ष स्वीकृति ही करते हैं; परन्तु काव्य को नीति-निरपेक्ष दोनों ने ही माना है।

उपर्युक्त अतिवादों के बीच मध्यम मार्ग आचार्य अरस्तू ने प्रशस्त कर ही दिया था। उन्होंने कलागत आनन्द को काव्य का सर्वोपरि प्रयोजन मानते हुए भी उसी रचना को श्रेष्ठ माना है जो नैतिक भावना का परितोष करे। इसी सन्तुलित और समन्वयात्मक दृष्टि का पोषण प्राचीनों में सिसरो, लांजाइनस, अठारहवीं शताब्दी में ड्राइडन, गेटे और आधुनिक विचारकों में मैथ्यू ऑर्नल्ड ने किया। इन्होंने नैतिकता और आनन्द के बीच समन्वय, उनके रूढ़ अर्थ से मुक्ति दिलाकर किया। व्यापक मानवीय आधार पर जो जीवन के लिए कल्याणकारी हो वही इनके अनुसार नैतिक है, केवल धर्माचरण और सदाचरण नहीं। इसी प्रकार आनन्द भी

मात्र मनोरंजन या प्लेज़र नहीं। काव्यानन्द उसकी अपेक्षा सूक्ष्म, स्वस्थ, एवं परिष्कृत कोटि का आनन्द है। अतः इनके मतानुसार जो जीवन के लिए कल्याणकारी नहीं है, वह आनन्दप्रद भी नहीं हो सकता और जो स्वस्थ आनन्द का विषय है वह जीवन के लिए अहितकर कैसे हो सकता है? यह चिन्ताधारा उस विवेकशील और सन्तुलित दृष्टि का प्रतिनिधित्व करती है जो भारतीय विचारधारा की समकक्षी है।

भारतीय काव्यशास्त्र में आरम्भ से ही काव्य में नैतिक मूल्यों की स्वीकृति अत्यन्त सहज रूप में कर ली गई। काव्य-दोषों, काव्य-प्रयोजन आदि से सम्बन्धित विवेचन से यह स्पष्ट है। काव्य को भरत ने धर्म की ओर प्रवृत्त करने वाला और लोकोपदेशक कहा। उनके उपरान्त तो काव्य को निरपवाद रूप से पुरुषार्थ चतुष्टय—धर्म, अर्थ, काम, मोक्ष का साधक कहा गया है। धर्म और मोक्ष का सम्बन्ध नीति से ही है। भरत से जगन्नाथ तक किसी संस्कृत के आचार्य ने न अनैतिक आनन्द का पोषण किया, न विरस नीतिवाद का। जब-जब काव्य-प्रयोजनों का विवेचन इन आचार्यों ने किया, वे धर्म और मोक्ष के साथ उसकी सुखप्रदत्ता और अन्तश्चमत्कारिता का उल्लेख करना न भूले। ठीक इसी प्रकार रस-विघात के अनेक कारणों की कल्पना—नीति-निर्भर है। जिस काव्य से नैतिक भावना दुष्ट हो, वह सम्यक् रसानुभूति में भी समर्थ न होगा, और जिस रचना से एकान्त नैतिक भावना पुष्ट हो परन्तु वह प्रीतिकर एवं आह्लादजन्य न हो वह काव्य, काव्य ही न रहेगा। इस प्रकार इन चिन्तकों ने काव्य के दो मूल प्रयोजनों—(1) पुरुषार्थ चतुष्टय की सिद्धि एवं (2) आनन्द को, परस्पर विरोधी न बनाकर पूरक बना दिया। यद्यपि कुन्तक आदि आचार्यों ने अन्तश्चमत्कार को ही अधिक महत्त्व दिया और रस को काव्य की आत्मा स्वीकार करने वाले आचार्यों—भरत, विश्वनाथ आदि की दृष्टि में सरसता को काव्यात्मा स्वीकार करने का अर्थ ही आनन्द को सर्वोपरि महत्त्व देना था। रस तो आनन्द का पर्याय ही है। परन्तु औचित्य को सरस रचना का अनुबन्ध बनाकर तथा रसाभास, काव्यदोष आदि के अन्तर्गत नैतिक अनौचित्य का निषेध कर सर्वत्र सरस रचना के लिए नैतिक आधार की स्वीकृति सहज रूप में कर ली गई है। आनन्द और नैतिक भावना को काव्य-रचना के निमित्त सहयोगी तत्त्वों के रूप में भारतीय मनीषा ने सहज ही ग्रहण कर लिया। इन दोनों की निर्विरोध स्थिति ही काव्य के लिए अनिवार्य मानी गई।

रसानुभूति के लिए भी मन में सत्वोद्रेक आवश्यक माना गया। रसावयवों के निरूपण में भी सत्-असत् का विवेक वर्तमान रहा, और सर्वत्र असत् के क्षय और सत् के पोषण पर बल दिया गया। कहा जा सकता है कि रसानुभूति की कल्पना तो अखण्ड आनन्दमयी चेतना के रूप में की गई है, अतः वहाँ नैतिक विवेक का प्रश्न कहाँ उठता है? इसका उत्तर यही होगा कि रसानुभूति की इस अखण्ड आनन्दमयी चेतना की सिद्धि में नैतिक विवेक, अनिवार्यतः, परिपाक के निमित्त

वर्तमान रहता है। उसके अभाव में रस-भूमिका ही सिद्ध नहीं हो सकती; अतः आनन्दवादी मूल्यों और नैतिक मूल्यों का सम्बन्ध भारतीय दृष्टि के अनुसार काव्य के प्रसंग में, उपकार्य-उपकारक का है। उपकार्य यद्यपि आनन्द ही है, फिर भी उसकी उपकृति तथा सिद्धि नैतिक मूल्यों के आधार पर ही होती है। इस प्रकार दोनों में पूर्ण सामंजस्य और साध्य-साधक का सम्बन्ध है। इस दृष्टि की समानता आचार्य अरस्तू की सन्तुलित विवेकपूर्ण दृष्टि से ही अधिक है।

व्यवहार में भी हिन्दी काव्यधारा के महत्त्व-लब्ध कवियों ने इसी सन्तुलित विवेकसम्मत दृष्टि का परिचय दिया है। गोस्वामी तुलसीदास ने तो सिद्धान्त में लोक-मंगल की साधना को काव्य का लक्ष्य माना और काव्य-रचना द्वारा प्रतिफलित किया। उन जैसे मर्यादावादी कवि से तो यह अपेक्षित ही था, परन्तु जहाँ हिन्दी-कवियों ने स्वच्छन्द दृष्टिकोण का परिचय भी दिय' वहाँ भी प्रायः लौकिक दृष्टि से अनैतिक प्रतीत होने वाली रचनाओं का आध्यात्मिक आधार सुदृढ़ बना रहा और वे धार्मिक-दार्शनिक व्याख्याओं की शरण लेकर अपने दृष्टिकोण का औचित्य सिद्ध करते रहे। यहाँ तक कि उत्तान शृंगार का चित्रण करने वाले, रीतिकालीन कवियों ने भी 'राधा कन्हाई सुमिरन कौ बहानौ' ढूँढ़ने का प्रयास किया। भारतीय मनीषा नैतिक मूल्यों से कभी इतनी आक्रान्त नहीं हुई कि उसके आतंक से कलात्मक मूल्यों का दम घोंट दे। इसका प्रत्यक्ष प्रमाण यह है कि आज अपनी तथाकथित अनैतिकता के बावजूद रीतिकालीन काव्य का कलात्मक महत्त्व अक्षुण्ण है।

भारतीय दृष्टि अत्यन्त सन्तुलित दृष्टि है—सिद्धान्त और व्यवहार दोनों क्षेत्रों में। एक ओर काव्यशास्त्र के—काव्य-प्रयोजन, रस-विवेचन आदि विविध प्रसंगों में नैतिक आधार की प्रतिष्ठा, और दूसरी ओर ग्रन्थारम्भ में मंगलाचरण का विधान, नायक के लक्षणों में विशिष्ट गुणों की परिकल्पना एवं स्थापना, काव्य-विषय के रूप में विपुल अध्यात्मिक सामग्री का प्रयोग—सभी इस सन्तुलित विचारधारा का प्रमाण व परिणाम है। यह दृष्टि प्राचीनों से आरम्भ होकर, आधुनिक आचार्यों में आचार्य रामचन्द्र शुक्ल तक चली आई। रस के प्रबल समर्थक होकर भी, वे काव्य में लोकमंगल-सापेक्ष रसमयता की ही स्वीकृति कर, सर्वत्र सौन्दर्य के साथ शील की प्रतिष्ठा करते रहे। यद्यपि रस को काव्य की आत्मा मानकर उनकी नीति-संपोषित मर्यादावादी दृष्टि ने भी आनन्द को शीर्ष स्थान प्रदान कर दिया, परन्तु काव्य के प्रसंग में रस के विषय-रूप में जिस सौन्दर्य की चर्चा उन्होंने की है, उसके आयाम अत्यन्त व्यापक हैं। उसमें अन्तः और बाह्य प्रकृति का सौन्दर्य, रूप-सौन्दर्य के साथ कर्म-सौन्दर्य और शील-सौन्दर्य—सभी अन्तर्भूत हैं। इनमें भी वे कर्म और शील के सौन्दर्य को रूप-सौन्दर्य की अपेक्षा कम महत्त्व नहीं देते। जिस काव्यानन्द का विषय यह विशिष्ट सौन्दर्य हो, उसका विरोध प्लेटो से कहाँ रह जाता है? काव्य-प्रयोजनों में बारम्बार धर्माचरण एवं सदाचरण पर बल देकर प्लेटो ने

कर्म-सौन्दर्य और शील-सौन्दर्य की ही तो प्रतिष्ठा की है। अतः दोनों दृष्टियों में वैषम्य काव्य-प्रयोजन या नैतिकता-अनैतिकता का उतना नहीं, जितना काव्यानन्द के स्वरूप का है। भारतीय आचार्यों ने काव्यानन्द के जिस नीति-संवलित रूप की चर्चा की है, प्लेटो को कदाचित् वह अमान्य न होता। दूसरी ओर प्लेटो ने जिस मनोरंजन, या मिथ्या परितोष को काव्यानन्द के रूप में परिभाषित करते हुए उसका तिरस्कार किया है, ठीक उसी रूप में वह आचार्य शुक्ल को भी ग्राह्य नहीं होता। यहीं दोनों दृष्टियों की सीमा मिल जाती है। दोनों ने नीति और आनन्द को काव्य में स्थान दिया। अन्तर बलाबल, और व्याख्या-भेद का है, मूल दृष्टि का नहीं।

प्लेटो का योगदान

प्लेटो का आविर्भाव पाश्चात्य ज्ञान-विज्ञान के क्षेत्र की एक ऐतिहासिक घटना है। काव्यशास्त्र की दृष्टि से यद्यपि उन्हें आद्याचार्य होने का गौरव नहीं दिया जाता, आज भी उस पद पर उनके शिष्य अरस्तू ही प्रतिष्ठित हैं, परन्तु प्लेटो का ऐतिहासिक महत्त्व इससे कम नहीं होता। उनसे पूर्व प्रोतगोरस, हिप्पिअस, देमोक्रितुस, अरिस्तोफनेस आदि विद्वान यद्यपि काव्य के विभिन्न अंगों का सैद्धान्तिक विवेचन प्रस्तुत कर चुके थे, परन्तु उनका विवेचन व्यवस्थित एवं नियमित न होने के कारण उन्हें काव्यशास्त्र में स्थान नहीं दिया जाता।

सभ्यता के इस उदय-काल में काव्य के प्रति इस उपेक्षा-भाव का एक ऐतिहासिक कारण है। तत्कालीन जीवन और मनीषा पर धर्म, दर्शन, राजनीति, एवं आचार-शास्त्र का इतना गहरा आतंक था कि इनसे इतर मूल्यों की प्रतिष्ठा, या विषयों का मूल्यांकन इन्हीं के आलोक में किया जाता था। विशुद्ध दार्शनिक एवं आचारवादी दृष्टि प्रायः कला के सौन्दर्यशास्त्रीय मूल्यन में बाधक ही होती है। उक्त कसौटियों पर कला का अवमूल्यन कर उसे जीवन की निकृष्ट उपलब्धि मान लिया गया था, अतः उसे गम्भीरता से ग्रहण कर विचार एवं विवेचन की आवश्यकता भी उन विद्वानों को प्रतीत नहीं हुई। कला को राजनीति और धर्म, नीति आदि की दासता से मुक्त कराने का गौरव तो आचार्य अरस्तू को दिया जाता है, परन्तु उन्हें मार्ग दिखाने का श्रेय आचार्य प्लेटो को ही है।

अरस्तू से पूर्व काव्य और दर्शन के बीच जो विरोध या झगड़ा यूनानी जीवन में प्रचलित था, आचार्य प्लेटो ने पहली बार उस पर गम्भीरता से विचार कर उन कारणों का विवेचन किया जो काव्य के महत्त्व की स्वीकृति में बाधक थे। यद्यपि उनके दृष्टिकोण में पक्षधरता है। नैतिकता, दर्शन, धर्म, आचार, जीवन के उपयोगी मूल्यों के प्रति समर्पित उनका मन सौन्दर्यवादी मूल्यों की प्रतिष्ठा कर उनके पक्ष में अपना मतदान नहीं कर सका। परन्तु उन्होंने अरस्तू के लिए निषेधात्मक रूप से आधार प्रस्तुत किया।

ऐतिहासिक पृष्ठभूमि से निकाल कर प्लेटो का मूल्यांकन करना उनके प्रति अन्याय होगा। उनके समय में होमर, हिसोइद आदि कवि यूनानी समाज में विशेष समादृत थे और जनता उनकी रचनाओं में उत्तम-अनुत्तम का भेद करने की आवश्यकता भी नहीं समझती थी। स्वभावतः प्लेटो उनकी आलोचना से अपना विवेचन आरम्भ करते हैं। उनकी आलोचना में हमें पाण्डित्याभिमान की गंध आ सकती है, क्योंकि हमारी दृष्टि में इन कवियों का इतना महत्त्व नहीं है, जितना प्लेटो की दृष्टि में। वे काव्य को तत्कालीन युवा मस्तिष्क का आहार मानते थे। 'एपॉलॉजी' में उन्होंने कहा है कि इस संवाद में उनका उद्देश्य काव्य-रचना नहीं, नगर की स्थापना है, अतः उनका कर्तव्य कवियों के लिए नियम-विधान है। इस दृष्टि का सहज परिणाम यह हुआ है कि उनकी अधिकांश आलोचना निषेधात्मक हो गई है।

प्लेटो के काव्य-सिद्धान्तों की रूपरेखा कुछ इस प्रकार है—वे साहित्य सम्बन्धी चर्चा का आरम्भ मानव की सहजात अनुकरण-प्रवृत्ति और काव्य में उसके प्रयोग और सम्बद्धता से करते हैं। इसके बाद वे काव्य की शैक्षिक आवश्यकताओं का विवेचन करते हुए वांछित चरित्र-निर्माण को उसका दायित्व घोषित कर देते हैं। काव्य के प्रयोजन की दृष्टि से उसके सत्-असत् तत्त्वों में भेद-निरूपण करने के उपरान्त प्लेटो उस पर अपना निर्णय देते हैं। प्लेटो ने इन प्रश्नों पर विशुद्ध साहित्यिक या सौन्दर्यशास्त्रीय दृष्टि से विचार नहीं किया, और यही उन्हें काव्यशास्त्र का प्रथम आचार्य मानने में सबसे बड़ी बाधा है। उन्होंने यह निरूपित करने का प्रयास भी नहीं किया कि काव्य का कौन सा रूप—महाकाव्य, प्रगीत अथवा नाटक—शिक्षा की दृष्टि से श्रेष्ठ है। सत् काव्य क्या है? इस प्रश्न का उत्तर भी वे साहित्यिक नहीं नीतिशास्त्रीय शब्दावली में देते हैं। यही उनके विवेचन की सबसे बड़ी परिसीमा है। कला का मूल्यांकन कला-इतर मानदण्डों पर करते हुए वे प्रायः कला का अवमूल्यन ही अधिक करते हैं। कलाकार की, मात्र कलाकार के रूप में स्वतन्त्र सत्ता वे स्वीकार ही नहीं करते। कवि उनकी दृष्टि में समाज-सेवक है, इसके अतिरिक्त समाज में उसके लिए कोई स्थान नहीं। कवि में जीवन के इस रूप में प्रतिदर्शन की स्पष्ट क्षमता होती है कि वह कल्पना को उत्तेजित करे, अतः उसका दायित्व है कि वह इस मनःशक्ति को केवल उचित विषयों के अनुकरण में लगाएँ।

यद्यपि काव्यशास्त्र के व्यवस्थित विवेचन, उचित मूल्यांकन एवं महत्त्व-निर्धारण का श्रेय आचार्य अरस्तू को ही दिया जाता है, जो उचित ही है, परन्तु प्लेटो को इस गौरव से पूर्णतः वंचित करना उनके प्रति अन्याय होगा।

प्लेटो का ऐतिहासिक महत्त्व असंदिग्ध है। उनका काव्य शास्त्रीय महत्त्व भी पर्याप्त है—नैगेटिव रूप में। यदि उन सरीखे मेधावी एवं नानाविषयविद् आचार्य ने

नैतिक, दार्शनिक, राजनीतिक मूल्यों के आधार पर काव्य का निष्कासन नहीं किया होता तो शायद अरस्तू उसके उद्धार और निर्भ्रान्त विवेचन के लिए कटिबद्ध न होते।

आचार्य प्लेटो की दृष्टि तथ्य पर आश्रित रहने के कारण वस्तुपरक थी, परन्तु विशेष निर्भ्रान्त नहीं थी। उनके मन में काव्यगत आकर्षण की स्वीकृति एवं उसके प्रति दुर्बलता उपज चुकी थी, परन्तु नैतिकता के प्रति हारा उनका मन, उनकी प्रखर मेधा, कलागत आकर्षणों से पराभूत होकर भी उनके प्रति आत्मार्पण न कर सकी। अतः कुछ स्थलों पर उनके विवेचन में द्विधाजन्य असमंजस एवं अस्पष्टता दिखायी पड़ती है।

प्लेटो यद्यपि कलाओं को अन्य शास्त्रों की दासता से मुक्त न कर पाए—यह उनकी परम्परा-प्राप्त दाय की विवशता थी, फिर भी उन्होंने अरस्तू से पहले प्रबल शब्दों में कलाओं में निहित आनन्द-तत्त्व की स्वीकृति कर ली थी। प्लेटो की समर्थ अनुशासक बुद्धि की यह स्वीकृति ही बाद में अरस्तू के सिद्धान्त-विवेचन का आधार बनी।

नीति और दर्शन के आधार पर कला का तिरस्कार करते हुए भी प्लेटो कला के क्षेत्र में इन दोनों की आवश्यकता और सम्पृक्तता की घोषणा कर गए। दर्शन एवं नैतिकता दोनों ही पूर्व और पश्चिम के साहित्य की आधारभूमि रहे हैं। दर्शन, काव्य को उदात्तता, गरिमा और गाम्भीर्य प्रदान करता है और नैतिकता—स्वास्थ्य। इनकी सिद्धि काव्य का लक्ष्य नहीं तो लक्षण तो निश्चय ही है। औचित्य सिद्धान्त, रस-दोष आदि की परिकल्पना नैतिक मूल्यों की स्वीकृति का प्रमाण है। पश्चिम में भी अद्यतन आलोचकों द्वारा अनेक रूपों में इनका आख्यान होता रहा है।

काव्य के निषेध के लिए प्लेटो ने जिस अनुकरण-सिद्धान्त को आधार बनाया, यद्यपि बाद में उसकी तर्कसम्मत व्याख्या अरस्तू ने ही की फिर भी प्लेटो का महत्त्व इस दृष्टि से विशेष है कि इस शब्द का हीनार्थक प्रयोग करते हुए भी वे काव्य-सृजन एवं आस्वाद के मूल में सक्रिय, सहज मानवीय वृत्तियों की साग्रह प्रतिष्ठा कर गए। काव्य के सृजन और ग्रहण दोनों में मानव की सहज अनुकरण-वृत्ति की पुनः पुनः स्थापना करके उन्होंने जिस नैसर्गिक प्रवृत्ति की ओर संकेत किया, वह आत्म-विस्तार, भावना के धरातल पर मानवीय एकात्म, विश्वजनीन विराट अखण्ड मानवात्मा की स्वीकृति के अतिरिक्त और क्या है? परानुभूति के आत्मीकरण पर ही काव्यगत संवेदना के समस्त आदान-प्रदान निर्भर हैं। जिस प्रवृत्ति को प्लेटो ने विशेष गौरव न देकर अनुकरण कहा, वह अपने उदात्त एवं उन्नत रूप में आत्मविस्तार, विश्वबन्धुत्व की ही स्थापना है।

विरेचन-सिद्धान्त को भी आचार्य अरस्तू की स्थायी उपलब्धि स्वीकार कर लिया गया है। इस मान्यता को बल कदाचित् इस कारण मिलता रहा कि उन्होंने

काव्यास्वाद और उसकी प्रभाव-व्याख्या करते हुए रेचक ओषधि का दृष्टान्त प्रस्तुत किया। अरस्तू क्योंकि वैद्य-पुत्र थे अतः यह मान लिया गया कि उसी संस्कार से इस सिद्धान्त का जन्म हुआ है। बात केवल इतनी नहीं है। उनसे पूर्व ही आचार्य प्लेटो मानव-जीवन के उस मनोवैज्ञानिक सत्य का संकेत कर गये थे, जो नवीन व्याख्या के कारण अरस्तू की प्रखर मेधा की उपलब्धि मान लिया गया। काव्य के माध्यम से अभुक्त मनोवेगों की अभिव्यक्ति, भोग, अनुभावन की बात प्लेटो ने अरस्तू से बहुत पहले कह दी थी। अन्तर इतना ही है कि वे आत्मनिग्रह के बल पर इन संवेगों का संयमन ही नैतिक स्वास्थ्य का साधक मानते थे, और अरस्तू—अभुक्त मनोवेगों की निर्दोष साधनों द्वारा स्वस्थ अभिव्यक्ति मानसिक स्वास्थ्य का निमित्त। प्लेटो की दृष्टि नैतिक-आदर्शवाद से आक्रान्त थी और अरस्तू की व्यावहारिक एवं मनोवैज्ञानिक। इस दृष्टि से अरस्तू का दृष्टिकोण अधिक आधुनिक, वैज्ञानिक और तर्कसम्मत कहा जाएगा। पर इस ओर दिशा-निर्देश करने का श्रेय प्लेटो को ही है। करुण काव्य से आनन्द-सिद्धि का वैज्ञानिक विवेचन तो प्लेटो न कर सके; विरेचन या अन्तर्वृत्तियों के समन्वय का मनोवैज्ञानिक सिद्धान्त भी उनके विश्लेषण में उपलब्ध नहीं हुआ, किन्तु काव्य द्वारा दमित या अभुक्त मनोवेगों के उत्तेजन या परितोष की बात कहकर, उन्होंने इस समस्या के मनोवैज्ञानिक समाधान के लिए आधार या संकेत प्रस्तुत कर दिया, जिसका सम्बल लेकर बाद में इस समस्या की अनेक मनोवैज्ञानिक व्याख्याएँ, निरन्तर सामने आती रहीं।

काव्य में नैतिक मूल्यों की साग्रह प्रतिष्ठा भी आचार्य प्लेटो की बहुत बड़ी सिद्धि है। काव्य के दो प्रचलित प्रयोजनों—आनन्द एवं लोकमंगल में से किसी की एकान्त सिद्धि पूर्व एवं पश्चिम के आलोचकों को मान्य नहीं हुई। भारत में तो दृष्टि का यह संघर्ष उपजा ही नहीं, क्योंकि काव्य को विद्या मानने के कारण उसके प्रयोजनों में, ऐहिक जीवन के लिए—ज्ञानवर्द्धन, कला-विचक्षणता, काम, अर्थ आदि की सिद्धि एवं आध्यात्मिक दृष्टि से—धर्म-साधन एवं मोक्ष-साधन, अशिव की क्षति आदि का अन्तर्भाव कर लिया गया। पश्चिम में इस संघर्ष का सूत्रपात बहुत बाद में हुआ, परन्तु वहाँ भी स्थायी न रह सका। यद्यपि प्लेटो का युग रूढ़ शास्त्रीयता का, दार्शनिक-नैतिक चिन्तन का युग था, जिसमें काव्य को कला एवं क्रीड़ा, 'स्पोर्ट' माना जाता था, फिर भी इतने प्रबल शब्दों में प्लेटो से उपयोगितावादी दृष्टि की प्रतिष्ठा पहले नहीं की गई थी। प्लेटो द्वारा यह उद्घोष काव्य में जीवन के स्वास्थ्य की स्थापना थी जो आज भी शब्द-भेद से वर्तमान है।

प्लेटो की एक अन्य महत्त्वपूर्ण उपलब्धि साधारणीकरण-सिद्धान्त का सूत्रपात था। काव्य के माध्यम से भाव-तादात्म्य की चर्चा उन्होंने 'गणतन्त्र' में न करके 'इओन' नामक संवाद में की है। उनकी काव्य विषयक चर्चा का मूलाधार गणतन्त्र को ही मान लिया गया है, अतः प्रायः अन्य संवादों में उपलब्ध सामग्री की उपेक्षा

कर दी जाती है। इसके अतिरिक्त काव्य के सम्बन्ध में प्लेटो ने नकारात्मक चर्चा इतनी अधिक कर दी है कि उसके पीछे उनकी स्वीकृतियाँ प्रायः ढँप गई हैं। काव्यास्वाद के लिए, रचना में निबद्ध, कवि की अनुभूति के साथ चारण, अभिनेता और प्रमाता—तीनों का भाव-तादात्म्य प्लेटो ने अनिवार्य माना है। आलोचना-शास्त्र की उस अविकसित स्थिति में इस मनोवैज्ञानिक सत्य का तत्त्वान्वेषण आचार्य प्लेटो की बड़ी सिद्धि थी। आज तक काव्य के प्रसंग में तादात्म्य और सहानुभूति (इम्पैथी एण्ड सिम्पैथी) के सिद्धान्तों की आधारभूमि यही है। काव्यास्वाद की कोई भी व्याख्या इस भाव-तादात्म्य की चर्चा के बिना पूरी नहीं होती, कि विशेष की अनुभूति निर्विशेष होकर, सभी की अनुभूति का विषय कैसे बन जाती है? शास्त्रीय विवेचन की उस आरंभिक अवस्था में ही प्लेटो ने अपने ढंग सें इस प्रश्न का उत्तर दे दिया था। साधारणीकरण के सिद्धान्त का तत्त्व-रूप प्लेटो के इस अभिमत में निहित है। उन्होंने इस बात की भी अपने ढंग से व्यंजना कर दी थी कि प्रमाता का साधारणीकरण किसी विशेष अवयव से नहीं, काव्य की मूलभूत अनुभूति से होता है—जो वस्तुतः कवि की अनुभूति का ही निबद्ध रूप है।

प्लेटो के काव्यालोचन की प्रमुख विशेषता उसकी काव्यात्मक शैली एवं स्पष्टता है। उन्होंने दर्शन और नीति को मानदण्ड बनाकर भी, काव्य-सिद्धान्त-निरूपण में उनकी जटिलताओं, गूढ़ सिद्धान्तवादिता अथवा पारिभाषिक शब्दावली को नहीं उलझाया। कहीं-कहीं अपने निष्कर्षों के सम्बन्ध में उनके ही मन में सन्देह, परिणामतः स्ववदतोव्याघात का आभास होने लगता है, परन्तु वह उनके अन्तः के कवि और नीतिवान दार्शनिक का द्वन्द्व है, अभिव्यक्ति की अस्पष्टता और उलझन नहीं। उन्होंने काव्यालोचन प्रायः व्यवहार-ज्ञान और स्वानुभवजन्य विवेक के आधार पर किया है। सहृदय उन्हें नहीं कहा जा सकता क्योंकि उनकी सहृदयता नीति एवं दर्शन के निरन्तर मनन से आक्रान्त हो चुकी थी। यही काव्य के प्रति अन्याय का सबसे बड़ा निमित्त था।

प्लेटो की इन तमाम उपलब्धियों के बावजूद उनका काव्यालोचन न निर्भ्रान्त है, न सर्वथा निर्दोष। इसका सबसे प्रमुख और स्पष्ट कारण यही है कि उन्होंने काव्यालोचन व्यवस्थित काव्यशास्त्र-रचना के रूप में नहीं किया। वह उनका प्रतिपाद्य नहीं, प्रासंगिक चर्चा है। यद्यपि उनकी काव्यात्मक शैली और संवादजन्य नाटकीयता के कारण रम्यता, लालित्य एवं रुचिरता सर्वत्र बनी रही है, फिर भी जिस क्रमबद्धता एवं व्यवस्था पर वे निरन्तर बल देते रहे, वही उनके विवेचन में नहीं आ पाई। प्लेटो को इसके लिए दोषी नहीं ठहराया जा सकता, यह उनकी रचना-विधि और प्रतिपाद्य की सीमा है, जिसके कारण अखण्डित क्रमबद्ध विवेचन की आशा करना ही व्यर्थ है। परन्तु उनके विवेचन में जो अस्पष्टता या कुहासा है वह उनके मन में उपज आने वाली द्विधा के कारण है। अपने से पूर्व-प्रचलित

मान्यताओं से जो संस्कार उनके मन में घर कर चुका था, उसके प्रति उनका पूर्वाग्रह विद्रोह करने लगा था; यही उनके विवेचन में प्राप्त असम्बद्धता एवं अस्पष्टता का कारण है। इसीलिए उनका विवेचन दर्शन और नीति-इतर तर्कों से पुष्ट नहीं हो पाता।

प्लेटो ने प्रकारान्तर से काव्य का उपकार किन्तु प्रत्यक्ष रूप में अपकार ही अधिक किया। अनुकरण सिद्धान्त का पोषण करते हुए उन्होंने कवि को नक्काल घोषित किया, एवं उससे सृजन, निर्माण, बल्कि पुनर्निर्माण का गौरव भी छीन लिया। अनुकरण के लिए विषय के भाव कल्पनात्मक बोध का निषेध करके उन्होंने काव्य-सृजन से कवि के आत्मतत्त्व को सर्वथा बहिष्कृत कर दिया। कवि के कृतित्व का इससे बड़ा अवमूल्यन क्या हो सकता था? इसका कारण उनका अतिशय वस्तुपरक दृष्टिकोण था। उन्होंने काव्य को हृदय का व्यापार नहीं माना। उसके लिए भाव एवं कल्पना की समृद्धि के स्थान पर अनुकरण की प्रवृत्ति को उत्तरदायी ठहराया। उसे केवल कला-कौशल की सिद्धि मानकर आत्मतत्त्व की पूर्ण उपेक्षा कर दी। काव्य उनकी दृष्टि में कवि-क्रीड़ा, 'प्ले', 'स्पोर्ट' है, मानो रचना-कौशल में निष्णात कोई भी व्यक्ति काव्य-रचना में समर्थ हो सकता है। जहाँ एक ओर यह सिद्धान्त काव्य के अभिव्यंजना-पक्ष की महत्त्व-प्रतिष्ठा का द्योतक है, वहाँ कला के प्राण—आत्मतत्त्व का उपेक्षक।

काव्य के आस्वाद का विवेचन करते हुए प्लेटो ने तद्‌जन्य आनन्द का जो रूप-निर्धारण किया वह भी अत्यन्त निकृष्ट था। उनकी उपयोगितावादी दृष्टि काव्य का आदर्श लोक-शिक्षा स्वीकार करती थी और तथ्यनिरूपिणी दृष्टि उससे प्राप्त आनन्द को मिथ्यापरितोष का पर्याय मानती थी। कान्तासम्मित उपदेश तो पूर्व के आचार्यों ने भी काव्योद्देश्य स्वीकार कर लिया, परन्तु उन्होंने उसकी ग्राह्यता की शर्त उसके कान्तासम्मित माधुर्य को माना। प्लेटो काव्य को केवल शिक्षा का साधन मानते थे। एक ओर उन्होंने उसे कला स्वीकार किया और दूसरी ओर लोकमंगल की प्रतिष्ठा की। यह ययार्थ और आदर्श का संघर्ष था जिसका समन्वय भारतीय चिन्तकों के दृष्टिकोण में उपलब्ध है। प्लेटो उपयोगिता की दृष्टि से काव्य की वांछित शर्तें तो निर्धारित कर सके परन्तु उसमें आनन्द का निवेश कर उसकी ग्राह्यता को तर्कातीत नहीं बना पाए यह उनके दृष्टिकोण की सीमा ही थी।

इसी प्रकार उन्होंने काव्य के प्रभाव का विवेचन करते हुए मनोवेगों की जिस उत्तेजना, उद्वेलन की बात की है वह भी अरस्तू के विरेचन सिद्धान्त से एक सीढ़ी पीछे रह जाती है। अरस्तू ने अभुक्त मनोवेगों के उत्तेजन के उपरान्त जिस विरेचन की चर्चा की थी, प्लेटो उसके पूर्व-पक्ष का ही निर्देश कर पाए, उत्तर-पक्ष का नहीं। अरस्तू ने जिस अभावात्मक सिद्धि का निर्देश किया था, प्लेटो के सिद्धान्त में भी वह अभावात्मक ही रही परन्तु उसका स्वरूप नकारात्मक उपलब्धि का है। इस

सिद्धान्त की सीमा स्पष्ट है। काव्य के पठन-पाठन के समस्त प्रयास इसे स्वीकार करने के बाद व्यर्थ हो जाते हैं।

प्लेटो के काव्यालोचन की सबसे बड़ी सीमा उसकी एकांगिता और वर्ण्य का संकुचित क्षेत्र है। प्लेटो ने न काव्य के विभिन्न भेदों, शैली के तत्त्वों, अंग-उपांगों का व्यवस्थित व तात्त्विक विवेचन किया और न ही काव्यगत मौलिक प्रश्नों पर वैज्ञानिक और सन्तुलित दृष्टि से विचार किया, उन्होंने काव्य का दोष-दर्शन ही अधिक किया है। इस एकांगिता का कारण यही था कि अरस्तू की भाँति प्लेटो काव्यशास्त्र-रचना नहीं कर रहे थे, आदर्श राज्य के निर्माण में काव्य की उपयोगिता तय कर रहे थे। काव्य का उनकी दृष्टि में कोई और महत्त्व न था, अतः उसका शिल्पगत या तत्त्वगत विवेचन करने की उन्होंने आवश्यकता न समझी होगी।

इन सीमाओं के होते हुए भी प्लेटो का महत्त्व कम नहीं होता। उन्हें काव्यशास्त्र के आद्याचार्य होने का गौरव तो नहीं दिया जा सकता क्योंकि काव्यशास्त्र उनका प्रतिपाद्य नहीं था, परन्तु काव्यालोचन की दृष्टि से उनका ऐतिहासिक महत्त्व है। रोमानी आलोचना से तो प्लेटो का सम्बन्ध है ही नहीं, उनका स्थान शास्त्रीय वर्ग के आलोचकों में ही नियत करना होगा। जो उन्होंने कहा वह पूरी तरह शास्त्रीय न था, परन्तु उनकी दृष्टि एक क्षण के लिए भी शास्त्र-मुक्त नहीं होती। यह दृष्टिकोण, दर्शन एवं नीतिशास्त्र से अधिक, काव्यशास्त्र या रीतिशास्त्र से कम संबद्ध है। पाश्चात्य काव्यशास्त्र से आधुनिक आलोचकों पर अरस्तू का गहरा प्रभाव स्वीकार किया जाता है—ड्राइडन, कोरनेइ, बोइलो, मैथ्यू ऑर्नल्ड इनमें प्रमुख हैं। इन आलोचकों ने आचार्य अरस्तू से काव्य के आधारभूत मान प्राप्त कर उनका विशद व्याख्यान किया; परन्तु काव्य के मौलिक प्रश्नों से सम्बद्ध मूल दृष्टि अरस्तू को आचार्य प्लेटो के नकारात्मक विवेचन में ही मिली, यह स्पष्ट है। काव्य के मौलिक सत्यों के तात्त्विक विवेचन में यूरोप के मनःशास्त्रविद् आचार्यों एवं दार्शनिकों का योगदान अधिक महत्त्वपूर्ण स्वीकार किया जाता है, और प्लेटो इन दार्शनिकों में सबसे पहले थे। इस वर्ग के परवर्ती एवं आधुनिक आलोचकों ने यद्यपि इन आचार्यों की त्रुटियों का मार्जन ही अधिक किया, परन्तु इन्हें आधार प्रदान करने का गौरव आदि युग के आचार्यों को ही है। प्लेटो ने मनःशास्त्र के विकास से इतने पहले होने पर भी कुछ ऐसे सत्यों का उद्घाटन किया है जो आज भी काव्य-सम्बन्धी मनोवैज्ञानिक प्रश्नों की नींव है। उनकी प्रखर अन्तर्निवेशी दृष्टि से जिन मनःसत्यों का साक्षात्कार किया बाद में मनःशास्त्र के आचार्य उन्हीं की विशद व्याख्या करते रहे।

भारतीय आचार्यों से आचार्य प्लेटो की तुलना व्यर्थ ही होगी। भारतीय आचार्य दृष्टि-भेद से दो वर्गों में आते हैं : वस्तुवादी और आत्मवादी। भामह, दण्डी एवं वामन आदि पहले वर्ग में और आनन्दवर्धन, भट्टनायक, अभिनवगुप्त आदि दूसरे

वर्ग में। दोनों ही अपने-अपने विवेचन में सूक्ष्म विवरणात्मक, सर्वांगपूर्ण, तात्त्विक दृष्टि से सम्पन्न हैं। विषय चाहे काव्य का रूप-सौन्दर्य हो, अथवा आन्तरिक सत्य, इन आचार्यों ने अत्यन्त गम्भीर, विशद, सूक्ष्म विवेचनात्मक पद्धति का परिचय दिया है। उनकी तुलना में प्लेटो तो क्या अरस्तू के काव्यशास्त्र में उपलब्ध विवेचन सर्वथा विरल, निष्प्रभ, एवं संकेत-तुल्य प्रतीत होता है।

वस्तुदृष्टि को प्रमाण मानकर भी यदि तुलना की जाए तो भारतीय आचार्यों में दण्डी, भामह और विशेषकर वामन ने काव्य के कला-पक्ष की जो सूक्ष्मातिसूक्ष्म क्रमबद्ध, सांग विवेचना प्रस्तुत की है उससे इन आचार्यों के विरल संकेतों की क्या तुलना की जा सकती है? परन्तु यह न भूलना चाहिए कि इन आचार्यों और प्लेटो के बीच सहस्राब्दी का अन्तराल है। इसके अतिरिक्त पूर्व-परम्परा से भी काव्य के प्रति प्राप्त होने वाली दृष्टि में भेद है। इन तथ्यों को दृष्टि में रखते हुए ही प्लेटो का महत्त्व निर्धारण करना चाहिए।

प्लेटो के निषेधात्मक दृष्टिकोण एवं अरस्तू द्वारा उसके पूरक प्रयास को देखते हुए प्रायः यह मान लिया जाता है कि अरस्तू का विवेचन उनके भ्रान्त मत के विरोध में खड़ा हुआ। अरस्तू ने निश्चय ही उनके द्वारा तिरस्कृत कवि का उद्धार किया और वे प्लेटो द्वारा अनादृत काव्य के प्रति आस्था एवं निष्ठा का भाव लेकर काव्यशास्त्र रचना में प्रवृत्त हुए। उनकी दृष्टि तात्त्विक, तर्कपुष्ट एवं विवेचनात्मक थी। प्लेटो की वर्णनात्मक, एवं निषेधात्मक। परन्तु जिन काव्यगत मौलिक प्रश्नों का आख्यान प्लेटो ने किया, उनकी सूक्ष्म दृष्टि से परीक्षा की जाए तो यह स्पष्ट है कि अरस्तू ने ऊपर से भासित होने वाले विरोध के अन्तर्गत उनका विशदीकरण एवं विस्तार ही किया है। उनकी दृष्टि बदली है आधारभूमि नहीं। यही प्लेटो का गौरव एवं महत्त्व है।

परिशिष्ट

REFERENCES

1. "May we not say generally that there are three arts concerned with any object—the art of using it, the art of making it, and the art of representing it?"

   F. M. Cornford, *The Republic of Plato,* p. 324

2. "We are living upon the fragments of them, and find in a few broken stones the standard of truth and beauty. But in Plato this feeling has no expression; he nowhere says that beauty is the object of art; he seems to deny that wisdom can take an external form (Phaedr. 250 e); he does not distinguish the fine from the mechanical arts."

   B. Jowett, *The Dialogues of Plato, Vol. II,* p. 42.

3. "Thus we have three arts : one of use, another of invention, a third of imitation; and the user furnishes the rule to the two others. The flute-player will know the good and the bad flute, and the maker will put faith in him; but the imitator will neither know nor have faith—neither science nor true opinion can be ascribed to him."

   Ibid, p. 128.

4. "...the better part of us ready to follow reason, while the irrational principle is full is of sorrow and distraction at the recollection of our troubles. Unfortunately, however, this latter furnishes the chief materials of the imitative arts."

   Ibid, p. 129.

5. "But we have not yet mentioned the heaviest count in the indictment—the power which poetry has of injuriously exciting the feelings...Now, ought a man to feel pleasure in seeing another do what he hates and abominates in himself ?"

   Ibid, p. 129.

6. "Some poetry and mythology are wholly imitative (and, as you say, I mean tragedy and comedy); there is likewise the opposite style, in which the poet is the only speaker—of this the dithyramb affords the best example ; and the combination of both is found in epic, and in several other styles of poetry."

Ibid, p. 240.

7. "But at first Plato is chiefly concerned with the actor's assumption of a character. The actor does not 'imitate' Othello, whom he has never seen ; he represents or embodies or reproduces the character created by Shakespeare. In some degree the speactator also identifies himself with a character he admires."

F. M. Cornford, *The Republic of Plato*, p. 78.

8. "And also that good and bad rhythm naturally assimilate to a good and bad style ; and that harmony and discord in like manner follow style ; for our principle is that rhythm and harmony are regulated by the words, and not the words by them."

B. Jowett, *The dialogues of Plato, Vol. II*, p. 248.

9. "It is curious that Plato seems to attribute much more educational influence to music proper than to sculpture...The Greeks were extremely susceptible to words, and further, they must have been especially susceptible to rhythmical words ; and so Plato speaks of music (rhythm and harmony), which he has treated throughout as the acompaniment of words, as having the most penetrating influence on the soul."

R.L. Nettleship, *Lectures on Plato's Republic*, pp. 116-117.

10. "And the content of the poetry and the manner in which it is expressed depend, in their turn, on moral character."

F. M. Cornford, *The Republic of Plato*, p. 87.

11. (a) "He regards rhythm as rational movement; it is movement arranged upon a certain principle; beautiful form, similarly, is form arranged upon a certain principle. In all products of art (400 D. Sq.) there is goodness or badness of rhythm or of harmony or of form and right rhythm or right form is akin on the one hand to the reason, the rhythm and harmony which is to be traced in the world as a whole, and akin on the other hand to what is right and rational in human character. This is the real relation between art and character or morality."
...there is an association between the sense of rhythm and of form and the sense of what is right in character."

R. L. Nettleship, *Lectures on Plato's Republic*, pp. 113-114.

12. "Thus, then, excellence of form and content in discourse and of musical expression and rhythm, and grace of form and movement, all depend on goodness of nature, by which I mean, not the foolish simplicity sometimes called by courtesy 'good nature', but a nature

in which goodness of character has been well and truly established."

F. M. Cornford, *The Republic of Plato,* p. 87.

13. "God, whether from choice or from necessity, made one bed in nature and one only ; two or more such beds neither ever have been nor ever will be made by God...; as much as by the natural process of creation. He is the author of this and of all other things.

And what shall we say of the carpenter—is not he also the maker of a bed?

Yes.

But would you call the painter an artificer and maker?

Certainly not.

....

Good, I said ; then you call him whose product is third in the descent from nature, an imitator?

Certainly, he said.

And so if the tragic poet is an imitator, he too is thrice removed from the king and from the truth; and so are all other imitators."

B. Jowett, *Dialogues of Plato Vol. II,* p. 470-471.

14. "And next, I said, we have to consider tragedy and its leader, Homer ; for we hear some persons saying that these poets know all the arts ; and all things human ; where virtue and vice are concerned, and indeed all divine things too, because the good poet cannot compose well unless he knows his subject, and he who has not this knowledge cannot be a poet."

Ibid, p. 472.

15. "Perhaps they may have come across imitators and been deceived by them ; they may not have remembered when they saw their works that these were thrice removed from the truth, and could easily be made without any knowledge of the truth, because they are appearances only and not realities?"

Ibid, p. 472.

16. (a) "Then must we not infer that all these poetical individuals, beginning with Homer, are only imitators, who copy images of virtue and the other themes of their poetry, but have no contact with the truth? the poet is like a painter who, as we have already observed, will make a likeness of a cobbler though he understands nothing of cobbling ; and his picture is good enough for those who know no more than he does, and judge only by colours and figures."

B. Jowett, *The Dialogues of Plato, Vol. II,* p. 475.

(b) "The artist, according to Plato merely holds up the mirror to nature, and does nothing more."

R. L. Nettleship, *Lectures on the Republic of Plato,* p. 345.

17. "In like manner the poet with his words and phrases may be said to lay on his colours of the several arts, himself understanding their nature only enough to imitate them; and other people, who are as ignorant of as he is, and judge only from his words, imagine that if he speaks of cobbling or of *military tactics* or of anything else, in metre and harmony and rhythm, he speaks very well—such is the sweet influence which melody and rhythm by nature have. For I am sure that you know what a poor appearance the works of poets make when stripped of the colours which are put up on them, and recited in simple prose...They are like faces which were never really beautiful, but only glooming, seen when the bloom of youth has passed away from them?
...The imitator or maker of image knows nothing, we have said of true existance ; he knows apearances only."

Ibid, p. 475.

18. "And still he will go on imitating without knowing what makes a things good or bad, and may be expected therefore to imitate only that which appears to be good to the ignorant multitude?"

Ibid, p. 477.

19. "Imitation is only a kind of play or sport."

Ibid, p. 477.

20. "But we must remain firm in our conviction that hymns to the Gods and praises of famous men are the only poetry which ought to be admitted into our state."

Ibid, p. 483.

21. "This chapter is not concerned with aesthetic criticism, but with extravagant claims for the poets as moral teachers. It may leave the impression that Plato has been irritated by some contemporary controversy, and is overstating his case with a slightly malicious delight in paradox."

F. M. Cornford, *The Republic of Plato*, P. 325.

22. "Knowledge of carpentry is the essence of the carpenter, which makes him a carpenter. The painter could not reproduce his knowledge in his picture, even if he possessed it himself. This may sound absurd as an objection to art, but Plato is thinking rather of the application to the poet, for whom it was claimed that he both possessed technical and moral knowledge and reproduced it in his work."

Ibid, p. 321.

23. "Well then, if a man were able actually to do the things he represents as well as to produce images of them, do you believe he would seriously give himself up to making these images and take that as a completely satisfying object in life? I should

imagine that, if he had a real understanding of the actions he represents, he would far sooner devote himself to performing them in fact. The memorials he would try to leave after him would be noble deeds, and he would be more eager to be the hero whose praises are sung than the poet who sings them."

Ibid, pp. 321-322.

24. "Here is a question, them that we may fairly put to Homer or to any other poet. We will leave out of accont all mere matters of technical skill ; we will not ask them to explain, for instance, why it is that, if they have a knowledge of medicine and not merely the art of reproducing the way physicians talk, there is no record of any poet, ancient or modern, curing, patients and bequeathing his knowledge to a school of medicine."

Ibid, p. 322.

25. "If homer had really possessed the knowledge qualifying him to educate poeple and make them better men, instead of merely giving us a poetical representation of such matters, would he not have attracted a host of disciples to love and revere him?"

Ibid, p. 323.

26. "In this chapter mimesis has a wider sense than dramatic impersonation ; the nearest English word, is 'representation', applicable to many forms of fine art. The usual rendering 'imitation' is misleading. "

Ibid, p. 316.

27. "On the other hand, mimesis does not mean 'imitation', and this encourages the suggestion that tragic acting is on a level with mimicry and that fine art in general is no more than a copying of external appearances."

Ibid, p. 316.

28. "and sometimes you may see a number of pieces of iron and rings suspended from one another so as to form quite a long chain : and all of them derive their power of suspension from the original stone. In like manner the Muse first of all inspires men herself ; and from these inspired persons a chain of other persons is suspended, who take the inspiration. For all good poets, epic as well as lyric, compose their beautiful poems not by art, but because they are inspired and possessed."

B. Jowett, *The Dialogues of Plato,* Vol. I, p. 107.

29. "For not by art does the poet sing, but by power divine ; had he learned by rules of art, he would have known how to speak not one theme only, but of all."

Ibid, p. 108.

30. "For the poet is a light and winged and holy thing, and there is no invention in him until he has been inspired and is out of his

senses, and reason is no longer in him : no man, while he retains that faculty has the oracular gift of poetry."

Ibid, p. 108.

31. "Many are the noble words in which poets speak concerning the actions of men ; but like yourself when speaking about Homer, they do not speak of them by any rules of art ; they are simply inspired to utter that to which the Muse impels them, and that only."

Ibid, p. 108.

32. "And therefore God takes away reason from poets, and uses them as his ministers, as he also uses the pronouncers of oracles and holy prophets, in order that we who hear them may know them to be speaking not of themselves, who utter these priceless words while bereft of reason, but that God himself is the speaker, and that through them he is addressing us...For in this way God would seem to demonstrate to us and not to allow us to doubt that these beautiful poems are not human, nor the work of man, but divine and the work of God; and that the poets are only the interpreters of the Gods by whom they are severally possessed."

Ibid, p. 108.

33. "I wish you would frankly tell me, Ion, what I am going to ask of you : When you produce the greatest effect upon the audience in the recitation of some striking passage...Are you in your right mind? Are you not carried out of yourself, and does not your soul in an ecstasy seem to be among the persons or places of which you aré speaking, whether they are in Ithaca or in Troy or whatever may be the scene of the poem? "

Ibid, p. 109.

34. "That proof strikes home to me, Socrates. For I must frankly confess that at the tale of pity my eyes are filled with tears, and when I speak of horrors, my hair stands on end and my heart throbs."

Ibid, p. 109.

35. "Then the imitative poet who aims at being popular is not by nature made, nor is his art intended, to please or to affect the rational principle in the soul ; but he will appeal rather to the lachrymose and fitful temper, which is easily imitated?"

B. Jowett, *Dialogues of Plato, Vol II,* pp. 480-81.

36. "And now we may fairly take him and place him by the side of the painter, for he is like him in two ways ; first, in as much as his creations have an inferior degree of truth—in this, I say, he is like him ; and he is also like him in being the associate of an inferior part of the soul ; and this is enough to show that we shall be right in refusing to admit him into a State which is to be well

ordered, because he awakens and nourishes this part of the soul, and by strengthening it impairs the reason. As in a city when the evil are permitted to wield power and the finer men are put out of the way, so in the soul of each man, as we shall maintain, the imitative poet implants an evil constitution, for he indulges the irrational nature which has no discernment of greater and less, but thinks the same thing at one time great and at another small."

Ibid, p. 481.

37. "But we have not yet brought forward the heaviest count in our accusation :—the power which poetry has of harming even the good (and there are very few who are not harmed), is surely an awful thing?

Ibid, p. 481.

38. "The best of us, as I conceive, when we listen to a passage of Homer or one of the tragedians, in which he represents some hero who is drawling out his sorrows in a long oration, or singing, and smiting his breast—the best of us, you know, delight in giving way to sympathy, and are in raptures at the excelence of the poet who stirs our feelings most."

Ibid, p. 481.

39. "But when any sorrow of our own hapens to us, then you may observe that we pride ourselves on the opposite quality—we would fain be quiet and patient; this is considered the manly part, and the other which delighted us in the recitation is now deemed to be the part of a woman."

Ibid, p. 481.

40. "Now can we be right is praising and admiring another who is doing that which any one of us would abominate and be ashamed of in his own person."

Ibid, p. 482.

41. "If you consider, I said, that when in misfortune we feel a natural hunger and desire to relieve our sorrow by weeping and lamentation, and that this very feeling which is starved and suppressed in our own calamities is satisfied and delighted by the poets :—the better nature in each of us, not having been sufficiently trained by reason of habit, allows the sympathetic element to break loose because the sorrow is another's ; and the spectator fancies that there can be no disgrace to himself in praising and pitying any one who while professing to be a brave man, gives way to untimely lamentation ; he thinks that the pleasure is a gain, and is far from wishing to lose it by rejection of the whole poem. Few persons ever reflect, as I should imagine, that the contagion must pass from others to themselves. For the

pity which has been nourished and strengthened in the misfortunes of others is with difficulty repressed in our own."

Ibid, p. 482.

42. "And does not the same hold also of the ridiculous? There are jests which you would be ashamed to make yourself, and yet on the comic stage, or indeed in private, when you hear them, you are greatly amused by them, and are not at all disgusted at their unseemilness;...
the case of pity is repeated;...there is a principle in human nature which is disposed to raise a laugh, and this, which you once restrained by reason because you were afraid of being thought a buffoon, is now let out again; and having stimulated the visible faculty at the theatre, you are betrayed unconsciously to yourself into playing the comic poet at home."

B. Jowett, *Dialogues of Plato, Vol. II,* p. 482

43. "And the same may be said of lust and anger and all the other affections, of desire and pain and pleasure, which are held to be inseparable from every action—in all of them poetry has a like effect ; it feeds and waters the passions instead of drying them up ; she lets them rule, although they ought to be controlled if mankind are ever to increase in happiness and virtue."

Ibid, pp. 482-483.

44. "For if you go beyond this and allow the honeyed Muse to enter, either in epic or lyric verse, not law and the reason of mankind, which by common consent have ever been deemed best, but pleasure and pain will be the rulers in our State."

Ibid, p. 483.

45. "Notwithstanding this, let us assure the poetry which aims at pleasure, and the art of imitation, that if she will only prove her title to exist in a well-ordered State we shall be delighted to receive her—we are very conscious of her charms ; but it would not be right on that account to betray the truth. I dare say, Glaucon, that you are as much charmed by her as I am, especially when she appears in Homer?"

Yes, indeed, I am greatly charmed.

Shall I propose, then, that she be allowed to return from exile, but upon this condition only—that she make a defence of herself in some lyrical or other metre?"

Ibid, p. 483-484.

46. "And we may further grant to those of her defenders who are lovers of poetry and yet not poets the permission to speak in prose on her behalf : let them show not only that she is pleasant but also useful to States and to human life, and we will listen in a kindly spirit ; for we shall surely be the gainers if this can be proved, that there is a use in poetry as well as a delight?"

Ibid, p. 484.

47. "If her defence fails, then, my dear friend, like other persons who are enamoured of someting, but put a restraint upon themselves when they think their desires are opposed to their interests, so too must we after the manner of lovers give her up, though not without a struggle. We too are inspired by that love of such poetry which the education of noble states has implanted in us, and therefore we shall be glad if she appears at her best and truest ; but so long as she is unable to make good her defence, this argument of ours shall be a charm to us, which we will repeat to ourselves while we listen to her strains ; that we may not fall away into the childish love of her which captivates the many. At all events we are well aware that poetry, such as we have described, is not to be regarded seriously as attaining to the truth ; and he who listens to her fearing for the safety of the city which is within him, should be on his guard against her seductions and make our words his law."

Ibid, p. 484.

48. "Is all her aim and desire only to give pleasure to the spectators, or does she strive to refrain her tongue from all that pleases and charms them but is vicious? to proclaim, in speech and song, truth that is salutary but unpleasant, whether they welcome it or not?—which in your judgement is of the nature of tragic poetry?

Cal. There can be no doubt, Socrates, that Tragedy has her face turned towards pleasure and the gratification of the audience.

Soc. And is not that the sort of thing, Callicles, which we were just now describing as flattery?"

B. Jowett, *The Dialogues of Plato,* p. 599

49. "Look at the painter, the builder, the shipwright, and craftsman you like ; see how he disposes all things in order, and compels the one part to harmonize and accord with the other part, until he has constructed a regular and systematic whole : and this is true of all artists."

Ibid, p. 601.

50. "And 'lawful' and 'law' are the names which are given to the regular order and action of the soul, and these make men lawful and orderly :—and so we have temperance and justice : have we not?"

Ibid, p. 602.

51. "And will not the true rhetorician who is honest and understands his art, have his eye fixed upon these, in all the words which he addresses to the souls of men, and in all his actions, both in what he gives and in what he takes away? Will not his aim be to implant justice in the souls of his citizens and take away injustice, to implant temperature and take away intemperance, to implant every virtue and take away every vice?"

Ibid, p. 602.

52. "And is not the same treatment applicable to the soul, my good sir? While she is in a bad state and is senseless and intemperate and unjust and unholy, her desires ought to be controlled, and she ought to be prevented from doing anything which does not tend to her own improvement."

Ibid, p. 603.

53. "Then restraint or chastisement is better for the soul than intemperance or the absence of control."

Ibid, p. 603.

54. "But the virtue of each thing, whether body or soul, instrument of creature, when given to them in the best way comes to them not be chance but as the result of the order and truth and art which are imparted to them : am I not right ? I maintain that I am. And is not the virtue of each thing dependent on order or arrangement? Yes, I say. And that which makes a thing good is its appropriate order inhering in each thing? Such is my view. And is not the soul which has an order of her own better than that which has no order? Certainly. And the soul which has order is orderly? of Course. And that which is orderly is temperate? Assuredly. And the temperate soul is good?"

Ibid, p. 604-605.

55. "And will not the temperate man do what is proper, in relation both to the gods and to men!—for he would not be temperate if he did not? Certainly he will do what is proper. In his relation to othermen he will do what is just : and in his relation to the Gods he will do what is holy ; and he who does what is just and holy must be just and holy?"

Ibid, p. 605.

56. "In what definite way, then, is the character affected by artistic surroundings? Plato gives two descriptions of the way in which they influence the soul; one describes what we should distinguish as the more moral, and the other what we should distinguish as the more intellectual influence of art, but they are not different in his view."

R. L. Nettleship. *Lectures on Plato's Republic*, p. 114

57. "...then I further affirm that he who desires to be happy must pursue and practise temperance and run away from intemperance as fast as his legs will carry him."

B. Jowett, *Dialogues of Plato, Vol. II*, p. 605

58. "This appears to me to be the aim which a man ought to have in life, and towards which he ought to direct all the energies both of himself and of the state, acting so that he may have temperance and justice present with him and be happy, not suffering his lusts to be unrestrained, and in the never-ending desire to satisfy them leading a robber's life."

Ibid, p.p. 605-606.

59. "We say that Greek moral philosophy, as compared with modern, lays great stress on knowledge and gives excessive importance to intellect. That impression arises mainly from the fact that we are struck by the constant recurrence of intellectual terminology, and omit to notice that reason or intellect is always conceived of as having to do with the good. Reason is to Greek thinkers the very condition of man's having a moral being, because, as has just been said, by reason they understand that in man which enables him to live for something. Their words for reason and rational cover to a great extent the ground which is covered by words like 'spirit', 'spiritual', and 'ideal' in our philosoply. They would have said that man is a rational being, where we should say that he is a spiritual being. It is true, however, that Greek moral philosophy is intensely intellectual, and that the moral and the scientific do tend, especially in Plato, to converge."

R. L. Nettleship, *Lectures on Plato's Republic,* p. 221.

60. "The philosophy of morals and the philosophy of science in Plato and Aristotle are domainted by what is called a teleological view. In their writings intelligence and the good are treated as almost correlative ideas ; wherever there is intelligence there is good aimed at."

Ibid, pp. 221-222.

पारिभाषिक शब्दावली

अत्यन्त हर्ष	rapture
अन्तर्वेशी	penetrating
अन्याय	injustice
अन्यायी	unjust
अनुकर्ता	imitator
अनुकरण	imitation
अनुकरणात्मक	imitative
अनुभूति	feelings
अनुरूप होना	accord
अपावन	unholy
अभिज्ञान	identification
अभिनय	actions
अभियोग	indictment, accusation
अभिलाषा	desire
अभिव्यक्ति	expression
अभुक्त	starved
अमंगल	evil
अलौकिक	divine
अविवेकी	Irrational
अवैध परितुष्टि	gratification
असंयम	intemperance
अशुभ	evil
आकर्षण	charm
आत्मा	soul, spirit
आनन्द	pleasure
आभास	appearances
आविष्कार	invention
इच्छा	desire
उचित	proper
उत्तरदान करना	bequeth
उत्तेजक	exciting
उत्तेजित होना	stimulated
उद्घोष	pronounce
उपहस्य	ridiculous
कथा	tale
करुणा	pity
कला	art
कामदी	comedy
कामना	desire
कामेच्छा	lust
कारीगर	artificer, craftsman
काव्य	poetry
काव्य-देवियाँ	muses

क्रीड़ा	play, sport
क्षय	impair
गति	movement
गीति	lyric
गुण	virtue
ग्रहणशील	susceptible
ज्ञान	knowledge, sense
घृणा करना	abominate
चरित्र	character
चित्रकार	painter
छन्द	metre
छायानुकृति	image
जीव	creature
जुगुप्सा	disgust
तकनीकी कौशल	technical skill
तर्क	argument
तर्कबुद्धि	rational
तादात्म्य	identification
तादात्म्य स्थापित करना	identify
तत्त्व	elements
त्रासदी	tragedy
त्रासदीकार	tragic-poet
दमित	suppressed
दुभाषिया	interpreter
दुःख	pains
दुर्गुण	vice
दूत	ministers
दूषित	vicious
देना	impart
देववाणी	oracular
दैवी	divine
दोष	vice
दोषारोपण	accusation
दर्शक	spectator
धार्मिक	holy
नट द्वारा धारण	actor's assumption
निग्रह	restrain, repressed
नियमानुकूल	lawful
निर्माण	invention
निर्णय	discernment
निरोध	repressed
नैतिक	moral
नैतिकता	morality
पररूप धारण	impersonation
परिमेय	rational
परिहास	jests
पाण्डित्य-प्रदर्शक	pedantic
पाठ	recitation
पुनःसृजन	reproduce
पुराणविद्या	mythology
पोषण करना	nurture, nourish
पोषित	nurtured
प्रकृति	constitution, nature
प्रक्रिया	process
प्रतिदर्शन	represent
प्रतिबिम्ब	image
प्रतिरूपण	imitation
प्रतीति	appearances
प्रलोभन	seductions
प्राणी	creature
प्रेक्षक	spectator
प्रेरणा	inspiration
बाध्य करना	impel
बाह्यगोचर	external
बोध	senses
भय	horror
भाँड	buffoon
भावनाएँ	feelings, affections
भाषण	discourse
भाषणशास्त्री	rhetorician
भाषान्तरकार	interpreter
मनोरंजन	amusement

मनःशक्ति	faculty
महाकाव्य	epic
मिताचार	temperance
मीमांसक	teleological
मुग्ध	enamoured
मूर्तीकरण	embody
मूर्तिकला	sculpture
मोहित	enamoured
युक्ति	argument
रंगमंच	stage
रंगशाला	theatre
रचना करना	compose
राज्य	state
रीति	manner
रूप	appearances, form
रोदनात्मक	lachrymose
रौद्रस्तोत्र	dithyrambics
लय	rhythm, melody
लयात्मक	rhythmical
ललित कलाएँ	fine arts
व्यवस्थित	systematic, orderly
व्याख्यान, वक्तृता	oration
वंशक्रम	descent
वाक्यांश	phrases
वासनाएँ	passions
विदूषक	buffoon
विरोध	antagonism
विरोधाभास	paradox
विलाप	lamentation
विवाद	controversy
विवेक	reason
विषय	content
विशेषण	attribute
विस्वरता	discord
वैध्य	lawful
शिल्पी	artificer, craftsman
शिष्य समुदाय	disciples
शुचिता	chastisement
शैक्षिक प्रभाव	educational influence
शैली	style
शोक	sorrow
शोभा	grace
श्रद्धा	reverance
श्रोता	audience
स्तोत्र	hymns
स्पष्ट	vivid
स्वरानुक्रम	melody
संगीत	music
संविधान	constitution
संसर्ग	contagion
सत्कर्म	noble deeds
सत्य	realities, truth
सम्मोहन	charm
समरसता	harmony
समसामयिक	contemporary
समालोचना	criticism
सहजउत्तेजनात्मक	fitful
सहस्वरता	harmony
सहानुभूति	sympathy
साहित्यशास्त्री	rhetorician
सार तत्त्व	essence
सिद्ध	prophet
सिद्धान्त	principles
सुखांतिकी	comedy
सौन्दर्य	beauty
सौन्दर्यशास्त्र	aesthetics
सृजन	creation
हर्षोन्माद	ecstacy
हेतु-विद्या	teleology

सहायक ग्रन्थ-सूची

1. द डायलॉग्स ऑफ प्लेटो–अनु. बी. जोवेट
2. द रिपब्लिक ऑफ प्लेटो–एफ. एम. कॉर्नफर्ड
3. लैक्चर्ज़ ऑन प्लेटोज़ रिपब्लिक–आर. एल. नैटलशिप
4. प्लेटो–पॉल फ्रायडलैंडर
5. प्लेटो टुडे–आर. एच. एस. क्रॉसमैन
6. प्लेटो टु ड्राइडन (लिटररी क्रिटिसिज़्म)–एलेन. एच. गिलबर्ट
7. प्लेटोज़ थॉट–जी. एम. ए. ग्रुवे
8. व्हाट प्लेटो सैड–पॉल शोरे
9. प्लेटो–ए. ई. टेलर
10. प्लेटो–अनु. लेन कूपर